・鄭駜謨敎授指導 博士學位 論文 8・

哲學類의 새로운 分類展開에
관한 研究

• 鄭駬謨敎授指導 博士學位 論文 8 •

哲學類의 새로운 分類展開에 관한 研究

박 옥 화 著

 한국학술정보(주)

목   차

緒　論

A. 研究의 目的

　문헌분류법은 기원전 2300년경 Ebla왕궁도서관의 粘土板 분류까지 거슬러 올라가는 긴 역사를 갖고 있다. 이후 많은 문헌분류법이 그 시대 시대의 지식의 창출, 학문의 진보와 분화의 추세에 따라 새로 창안 되고 개정되는가 하면, 도태되기도 하면서 오늘날에 이르고 있다.

　오늘날 세계적으로 채택되고 있는 문헌분류법은 대체로 19세기 후반 또는 20세기에 들어와서 고안 된 것들이다. 이들 가운데는 CC(Colon Classification), DDC(Dewey Decimal Classification), LCC(Library of Congress Classification), UDC(Universal Decimal Classification) 등 정도의 차이는 있으나 국제적으로 인정되어 온 것들도 있지만, 그렇지 못한 것이 대부분이다. 또 이들 현대의 대표적 분류법들도 분류 논리의 취약, 오류, 비현실성, 실무적 차원에서의 비효율성 등의 이유로 많은 비판을 받아 왔다. 한번 인문, 사회, 자연과학 등 학문의 발전도 괄목할 만 하였다. 이런 과정에서 일정기간이 지나면 개정하지 않을 수 없게 되었고, 그 결과 DDC의 경우 지난 110여 년간 19차례나 개정을 하게 되었다.

　이와 같은 다수 분류법의 병존과 거듭된 개정의 불가피성은 어디에서 기인하는가? 그것은 무엇보다도 아직까지 세계적으로 공인될 수 있고 상당기간개정이 不要할 만큼 좀 더 완벽을 기한 국제표준분류법이 고안 되지 못한데서 비롯하여된다. 물론 다양한 분류법의 존재와 거듭되는 개정은 몇 가지 관점에서 타당성도 가지고 있다. 즉 분류법의 다양성은 극도로 전문화되고 있는 연구분야, 빠르게 증가하고 있는 정보의 양, 그리고 전문화 되어가고 있는 도서관의 기능에 미루어 볼 때 그것이 바람직할 수도 있을 것이다. 분류법의 개정도 정형화된 지식체계가 존재하지 않는 한 불가피하다.

그러나 이와 같은 필요에도 불구하고 간과할 수 없는 것이 다양한 분류법과 빈번한 개정이 갖고 있는 역기능이다. 오늘날 도량형을 위시한 규격들이 국제적으로 표준화되고 있고, 정보자료의 국제적 교환과 공동이용이 활발해지고 있다. 각기 다른 방식과 기준에 의해 고안 된 다수의 상이한 분류법으로는 이러한 국제화 추세라는 현실에 효율적으로 대처할 수 없을 것이다. 잦은 개정에 의한 분류법의 短命도 도서관 실무의 안정적 지속성에 큰 부담이 된다. 인력, 재정의 소모 또한 클 수밖에 없다.

여기에서 요청되고 있는 것이 이들 문헌분류법의 다양성과 개정의 신속성의 순기능을 살린, 그러면서 역기능적인 면을 최소화한, 즉 문헌에 대한 특수한 수요를 폭 넓게 수용하고, 진보하는 지식에 신축적으로 대응하면서 일정기간 통용성을 유지할 수 있는 국제보편의 문헌분류법의 고안이다. 이것은 오늘날 문헌분류법 창안자들의 理想일 것이다. 특정 類에 국한하겠지만 본 논문이 추구하는 목적 또한 그것이다.

B. 硏究의 對象

이상적 분류법이라고 하지만 그간의 문헌분류 역사를 통해 확립된 전통의 테두리를 벗어나서는 그것을 생각할 수 없을 것이다. 따라서 공허한 추상을 피하기 위해 논의의 단서를 현대 문헌분류법에 두는 것이 바람직할 것이다. 그러나 현대의 모든 분류법과 모든 主類를 논의의 대상으로 할 수 없는 범위의 한계가 있다. 특정 문헌분류법과 그 가운데서 역시 특정 주류를 선정, 연구의 실마리로 하지 않을 수 없는 이유가 여기에 있다. 이 이유에서 논자는 연구의 주 대상을 우선 DDC, 그 가운데서 "100 Philosophy, parapsychology and occultism, psychology"로 하고, 거기에서 점차 UDC로 논의를 확대하여 전개하고자 한다. DDC와 그 가운데서 "100類"를 선택한 근거는 다음과 같다.

① DDC는 오늘날 전 세계 135개국 이상의 많은 도서관에서 채택하고 있는 것으로서[1] 그 대표성을 인정할 만한 충분한 이유를 갖고 있다. LCC의 경우 그 채택율은 아직 미국, 캐나다에서 조차 14.6%에 불과하다.[2] CC 또한 실제적 이용의 어려움으로 인하여 인도 이외에서는 거의 채택되지 못하고 있는데 반하여[3] DDC의 보급율은 가히 세계적이다. 논자는 바로 DDC의 국제적 성공에서 세계공통의 이상적 문헌분류법의 조건과 가능성을 찾아보려 한다.

② 국제표준화와 특수하면서도 전문적인 요구의 합리적 수용이라는 두 축의 관점에서 많은 문제점을 내포하고 있는 主類 가운데 하나가 "100類"이다. 이것은 무엇보다도 철학의 특성에서 비롯하여되는 자연스러운 귀결이다.

철학적 주제는 보편적이다. 이를테면 지식의 기원, 神의 존재에 대한 관심, 人性의 문제에 대한 의구심에는 東西와 古今의 차이가 없다. 그러나 주제는 같지만 이들에 대한 思惟나 사상형성에는 문화권적, 사상사적 상황에 의한 특성이 있다. 즉 東西와 古今의 차이가

---

1) M. Dewey. *Dewey Decimal Classification and Relative Index.* V.1. 20th ed. Albany, Forest Press, 1989. p. xxvi.

2) 정필모. 文獻分類論, 서울, 歐美貿易 出版部. 1991. p. 231.

3) K. Kumar. *Theory of Classification.* 2nd revised ed. New Delhi. Vikas Publishing House, 1981. p. 59.

현저하게 있는 것이다. 이렇듯이 철학은 보편과 특수라는 두 지향을 특성으로 하고 있다. 그러나 DDC와 UDC 등 대부분의 문헌분류법들은 특수를 고루 포섭할 수 있는 일반적인 틀을 마련하지 않은 채 서양철학 중심적인 전개를 하고 있다. 거기에다가 "100類"는 그 방법과 성격이 크게 다른 심리학과 유사심리학을 포함하고 있어 구성상의 문제점을 야기하고 있다.

  만약 철학류에서의 이러한 문제점들을 풀 수 있는 합리적인 길을 마련할 수 있다면 그것은 유사한 난제를 갖고 있는 다른 類에도 他山之石이 될 것이며, 새로운 문헌분류법이 추구해야 할 방향을 제시할 수 있을 것이다. 여기에 철학류를 논의의 대상으로 선정한 이유가 있다.

C. 研究方法 및 過程

  ① 분류로서 타당한 것이 되기 위해서 따라야 할 원칙을 검토하여, 분류상의 문제점들을 다룰 때 의거하게 될 기준을 마련하고, 문헌분류의 주요 근거가 되는 지식구분을 고찰하여 새 분류법 작성의 토대로 삼는다.

  ② DDC의 성립과 변천과정을 고찰, 문헌분류의 일반적 원리와 실제를 확인한다. 아울러 DDC의 한계와 문제점을 검토하여, 그것에 대신할 새로운 분류법 창안의 당위성을 제시한다.

  ③ UDC가 DDC의 국제적 대안으로 고안 되었으면서도 아직 국제적으로 그것을 능가하지 못하고 있는 이유 등을 밝힌다.

  ④ 학문의 급속한 진보와 정보량의 엄청난 증가가 이루어지고 있는 오늘날 십진전개의 한계는 점차 자명해지고 있다. 主類를 10으로 제한할 수 없을 만큼 지식체계가 다변화된 것이다. 근자에 와서 백

진분류법(International Centesimal Classification)의 타당성과 가능성이 논의되는 소이가 여기에 있다. 이에 이들 타당성과 가능성을 검토, 그것이 대안이 되는가를 비판적으로 살펴본다.

⑤ 논의에서 ICC가 DDC의 대안이 될 수 있음을 밝힌다. 백진식 전개의 타당성은 어느 類에서 보다도 "哲學類"에서 확인된다. 그간 자주 논의되어 온 것이 철학과 심리학, 유사심리학 등을 같은 類에 포함시켜도 되는지 여부였다. 그러나 類의 여유가 없는 십진식에서는 심리학 등의 독립은 무리한 일이 된다. 이와 같은 판단에서 백진법을 수용하여 심리학과 유사심리학을 철학류에서 분리 독립시켜, 순수 철학류의 골격을 전체적으로 새롭게 구성하고, 현상학적 방법인 "자유로운 변경"에 의거하여 순수 철학류의 새로운 전개에 착수한다.

Ⅰ. 文獻分類一般의 論理와 哲學類分類의 根據

A. 分類一般의 論理

분류(classification)는 일반논리학의 개념론에 포함되어 있는 주제의 하나이다. 이것은 분류가 논리적 작업에 속하며, 그 때문에 그것이 정당한 것이 되기 위해서는 필히 논리타당성을 지녀야 한다는 것을 말해 준다. 일반논리학은 분류를 그 기준에 따라서 자연적 분류(natural classification)와 인위적 분류(artificial classification)로 나누고 있는데, 전자는 자연현상의 객관적 성질을 기준으로, 후자는 정리의 편의상 임의의 기준에 의거한 것으로서, 문헌분류는 후자에 속한다.1) 그 기준이 임의의 것이기 때문에, 특히 인위적 분류는 일정한 원칙, 논리에 의해 뒷받침되지 않고서는 그 타당성을 인정받을 수 없다.

분류와 더불어 개념론에 포함되어 있는 또 다른 주제가 구분(division)이다. 사전적 의미에 따르면, 개념의 外延(extension)을 분해함으로써 개념 간의 구별을 명석하게 하는 것이 구분이다. 이 때 區分肢를 다시 구분함으로써 구분을 거듭하여, 개념의 외연의 계통적 조직을 분명히 하는 것이 바로 분류이다. 區分肢란 구분의 결과로 생긴 각 부분 즉 被區分體인 類槪念(genus)에 대한 種槪念(species) 또는 피구분체인 종개념에 대한 個別槪念(individual concept)을 가리킨다.2) 달

---

1) 朴鐘鴻. 一般論理學. 增補修正版. 서울, 博英社, 1991. p. 43.

리 말하여 의연의 분해가 구분이며, 그 외연의 계통적인 조직을 분명
히 하는 것이 분류이다. 이렇게 본다면 구분이 없는 분류는 가능하지
않을 것이다. 이들 두 개념 사이의 관계를 좀 더 명확히 하여 정필모
교수는 구분을 일정한 기준, 예를 들자면 시간, 공간, 크기, 형식 등에
따라 어떤 전체를 따로 따로 구별 또는 分別하는 것으로, 분류는 어떤
대상을 그 성격이나 특성을 기준으로 분변하여 체계화하는 것, 또는
어떤 대상(類槪念)을 어떤 성격이나 특징을 기준으로 분석하여 최저의
種개념으로 조직화하는 것으로 정의한다.3)

　이와 같은 개념상의 차이가 있기는 하지만 일반논리학에서는 구분
과 분류를 같은 연관에서 다룬다. 이들이 외연을 명백히 함으로써 개
념을 명석하게 하는 방법으로 사용되는 공통점을 갖고 있기 때문이다.
그런가 하면 이들을 同意槪念으로 쓰고 있는 예도 흔히 있다. 예컨대
지식분류와의 관계에서 자주 예시되는 Aristoteles의 학문분류는 W.
K. C. Guthrie의 英譯에 따르면 "the division of knowledge"이고,4) F,
Bacon의 것은 "the division of the human learning"으로 되어 있다.5)
이 Bacon의 구분(division)을 다루면서 哲學史家 F. Copleston도 그 글
의 소제목은 The Classification of the Sciences로 하고 있는 것이다.6)

　문헌분류의 관점에서 본다면, 구분과 분류의 논리적 차이는 그리
중요하지 않아 용어 사용상에 별 문제가 없는 듯 하다. 다만 문헌이
아니라 어떤 특정 철학자의 학문, 지식에 대한 체계화를 거론할 때
는 그 철학자가 사용한 개념을 따르는 것이 옳을 것이다.

　구분이 논리적으로 타당한 것이 되기 위해 준수해야 할 규칙들이

---

2) *Ibid.*, p. 42.
3) 정필모. 文獻分類論. 서울, 歐美貿易出版部, 1991. pp. 11-12.
4) W. K. C. Guthrie. *A History of Greek Philosophy*. Vol.6. London.
　 Cambridge University Press, 1981. p. 130.
5) F. Copleston. *A History of Philosophy*. Vol.3. Westerminster, Md., The
　 Newman Press, 1959. p. 295.
6) *Ibid.*, p. 292.

있다. 이런 규칙들은 분류에 있어서도 유효하다. 일반논리학이 소개하고 있는 구분의 규칙에는 다음과 같은 것들이 있다.

① 구분의 기준은 오직 한 개이어야 한다. 두 개 이상의 구분 기준을 쓰면 구분이 혼란하게 된다.
② 諸구분지는 그 외연에 있어서 서로 중첩되어서는 안 된다. 즉 상호 배타적 이어야한다.
③ 諸구분지의 총합이 피구분지 외연의 전부와 부합해야 한다. 즉 피구분제의 모든 경우를 망라해야 한다.[7]
④ 구분은 점진적 최상의 類로부터 점차 최하의 種에 달해야 하며 비약이 있어서는 안 된다.[8]

이러한 규칙을 준수하지 않은데서 초래된 혼란들이 기존 문헌분류표에서 다수 발견된다. DDC에서 "100類"(제20판)를 중심으로 보면, 철학은 테마구분, 지역구분, 시대구분이라는 세 기준에 의해 전개되어 있다. 그것이 어느 나라의 것인가에 따라 "193 Germany and Austria" 또는 "194 France"에 배정될 수 있는 "113.8 Philosophy of life"의 경우와 같이 중복배정의 문제가 여기서 파생한다. 바로 첫 번째 규칙에 위배되는 경우이다. "128 Humankind"의 경우를 보면, 세목 "128.1 Soul"; "128.2 Mind"; ……"128.5 Human death"등은 상호 배타적인 구분지가 아니다. Human death는 soul과 mind 모두에 깊게 관계하는 주제이기 때문이다. 여기에서 두 번째 규칙이 위배된다. 피구분체의 모든 경우를 망라해야 한다는 세 번째의 규칙을 위반하고 있는 예를 보면, 이것은 구분지 모두를 망라하는 대신 일부를 공기호로 둔다거나 아예 십진분류법의 한계 때문에 항목의

---

7) ① J. Hessen. Lehrbuch der Philosophie. Vol.1. Muenchen, Ernst Feinhardt Verlag, 1964. pp. 167-169.
   ② 朴鐘鴻. 一般論理學. 增補修正版. 서울, 博英社, 1991. p. 43.
8) 金正昭. 資料分類論. 대구, 啓明大學校出版部, 1983. pp. 18-20.

수효를 10으로 제한하면서 생기는 경우인데, 이 때 그 구분의 의미
는 반감될 수밖에 없다. "144 Humanism and related systems and
doctrines" 에서 144.3에 "Progmatism", 144.5에 "Instrumentalism"
그리고 144.6에 "Utilitarianism"이 세목으로 배정되어있을 뿐이다.
그러면서 目의 명칭에 맞지 않게 Humanism이나 인간의 존엄성 등
을 문제 삼는 Existentialismp[9])에 대한 항목은 전혀 고려되지 않고
있어 반쪽 분류에 그친 느낌이다. 네 번째 규칙을 어기고 있는 것으
로 판단되는 것 중의 하나가 綱 "110 Metaphysics"와 目 "114
Space"의 관계이다. "Space"는 "Matter"와 더불어 "Cosmology"에
포섭되는 하위개념이며, "Cosmology"는 다시 "Metaphysics"의 한
부분이다. 그러나 DDC에는 이와 같은 上下관계가 점진적으로 설정
되어 있지 않다. "Metaphysics"에서 "Space"로의 직접 진행은 비약
이다. "Space" 위에 "Cosmology"가 最近類 개념으로 실정되었어야
할 것이다.

문헌분류 등 인위적 분류에서 유념해야 할 것으로 개념의 분류,
그 가운데서 ① 류개념과 종개념 ② 상위개념, 하위개념, 동위개념
③ 선언개념과 교착개념 ④ 이류개념과 상관개념 등의 관계이다.[10])
배정항목 사이의 동위관계, 포섭관계 등이 논리 정연하게 반영되어
야 비로소 문헌분류표가 논리적 체계를 갖게 되기 때문이다. 그렇지
못해서 생긴 분류 오류의 예 하나가 KDC 제3판의 "140 經學"과
"152 中國哲學, 思想"이다. 經學은 儒家의 經書에 대한 해석학이다.
그렇다면 그것은 중국철학 안에서 논의되어야 할 주제이다. 그런데
KDC는 하위개념인 "經學"을 綱으로 독립 배정하고, 오히려 그것의
상위개념인 "中國哲學, 思想"은 綱 "150 아시아(東洋)哲學, 思想" 아
래의 目 "152 中國哲學, 思想"에 배정함으로써, 즉 이들의 포섭관계

---

9) 실존주의자 J. P. Sartre는 그의 *L'existentialisme est un humanisme* (Paris,
   Nagel, 1968)에서 실존주의가 휴머니즘임을 밝히고 있다.
10) 朴鐘鴻. *op. cit.*, pp. 32-36.

를 무시하고 하위개념은 綱에, 상위개념은 目에 배정, 上下를 전도시
킨 오류를 범하고 있는 것이다.

위에서 지적한 문제점들은 대체로 그 오류가 구체적인 것이어서
교정되어야 할 것들이다. 정도의 차이는 있으나 이와 유사한 쟁점들
이 DDC, UDC 등에 상당수 있다.

B. 文獻分類의 基礎: 知識區分(分類)

지식의 분류를 도서의 물리적인 형태에 적합하게 조정한11) 문헌
분류는 그 정의가 함축하고 있는 의미대로 처음부터 지식의 분류와
뗄 수 없는 관계에 있다.

실제로 DDC 등 지금까지의 문헌분류표는 기존의 지식 또는 학문
분류에 의거해서 작성되었다. 문헌분류관계 연구에서 지식분류가 늘
전제로서 취급되는 이유가 여기에 있다. 그러나 문헌분류가 언제나
전적으로 지식분류에 의존해 온 것은 아니다. 문헌분류의 대상과 필
요성 그리고 방식이 지식분류의 그것들과 일치하는 것이 아니기 때
문이다. 이것은 지식분류가 문헌분류의 절대적 기준은 아니라는 것
을 가리킨다.

이들 사이의 다른 점을 보면 문헌분류는 ① 서가상의 자료편성
(arrangement)이며 ② 목록이나 서지에 있어서의 문헌자료의 배열로
서, 학문의 구분, 배열의 규명을 통한 지식의 유기적 체계화를 뜻하
는 지식의 분류와 그 목적을 달리한다.12) 결국 지식의 분류가 이론
적 체계화를 염두에 두고 이루어지는데 반하여, 문헌자료 즉 정보자

---

11) M. Mann. *Introduction to Cataloging and the Classification of Books*.
   2nd ed. Chicago, ALA. 1943. p. 33.
12) 정필모. 文獻分類論. 서울, 歐美貿易出版部, 1991. pp. 21-22.

료의 분류는 자료의 실제적 적용과 유통 그리고 관리를 기준으로 고 안되기 마련이다. 거기에다가 문헌분류표는 이용자의 문헌탐색행태 중심으로 작성된다.

그러나 이러한 차이점들은 문헌분류가 지식분류와 동일한 것이 아 님을, 문헌분류에 독자적인 체계와 논리가 있음을 말해 줄 뿐, 이들 이 별개의 무관한 것임을 가리키지는 않는다. 그래서 H. E. Bliss는 분류가 과학적이고 교육적인 지식체계에 따를 때 비로소 그 효용성 이 증대한다고 했으며,13) J. E. L. Farradane 또한 분류의 원리는 지 식에 대한 충분한 이해에 기초를 두어야 한다고 하였다.14) Bliss는 나아가 학문분류와 자료분류의 적절한 결합을 이상적 자료분류로 보 고 있다.15) 이와 같이 지식분류는 여전히 문헌분류에 있어서 없어서 는 안 될 기반이 되고 있다. 지금까지의 문헌분류의 역사가 이를 뒷 받침하고 있다. 즉 문헌분류가 지식분류에 대해 종속적 관계 또는 일치관계에 있지는 않지만, 엄연히 지식분류가 문헌분류의 근거 또 는 기준이 되는 의존관계에 있다고 할 것이다.

C. 哲學類의 知識區分

지식구분에서 한동안 가장 체계적이고 현실적인 것으로 평가되었 던 것이 Bacon의 학문구분이다. 문헌분류에서 유력한 근거의 하나 가 되었던 것도 이구분이다. 그러나 그것은 서구적 전통의 학문일반 의 구분에 대한 전체적 평가에서의 이야기일 뿐, 개별 과학 하나하

13) H. E. Bliss. *The Organization of Knowledge in Libraries and the Subject-Approach to Books.* 2nd ed. New York, Wilson, 1939. p. 37.
14) J. E. L. Farradane. The Psychology of Classification. In: *Jouranl of Documentation.* v. 11, no.4(Dec., 1955), p. 188.
15) 金正昭, 資料分類論. 대구, 啓明大學校出版部, 1983. p. 30.

나에, 그리고 비서구 문화권에서의 학문체계 모두에게 두루 기준이
될 수 있는 것은 아니다. 학문체계 전체에는 큰 변화가 없었다고 할
수 있지만, 철학만 하더라도 지난 450여 년간 연구분야의 분화, 관
심의 전환 등 주목할만한 변화들을 경험하였다. 거기에다가 문화권
역간의 광범위한 교류로 서양학문의 규범적 의미가 상대화되어 오기
도 하였다.

　이러한 한계에 주목하지 않은 채, Bacon의 학문구분에 의거하여
전개된 DDC 철학류가 현실에 맞지 않는 여러 문제점들을 가지고
있다는 것은 오히려 자연스러운 귀결이다. Dewey가 그 시대의 지식
구분이 아니라 250여 년 전에 완성된 Bacon의 구분에 따라 분류법
을 고안했다는 것에서부터 문제의 소지가 있었다. 서구석 기준의 한
계를 벗을 수 없었던 이유도 거기에 있었던 것으로 보인다. 이후
DDC의 골격은 달라지지 않았다. 결국 오늘날 DDC는 전근대적인
기준에 의해 작성된 분류표로서의 한계를 지니지 않을 수 없게 된
것이다. 이에, 우리가 주목해야할 지식의 구분은 오늘날의 것으로서,
철학의 국제적 현실을 균형 있게 반영하는 것이어야 할 것이다.

　철학의 주제구분은 동·서양을 막론하고 가능한 것이지만, 오늘날
국제통용성을 염두에 두고 본다면, 서양철학자들의 구분이 더 현실
적인 것으로 보인다. 다른 어떤 것보다도 일반성을 띠고 있고, 그런
구분에 따라 철학교과를 편성한다거나 문헌분류를 하고 있는 국가들
이 월등 많은 것으로 간주되기 때문이다. DDC가 전 세계적으로 채
용되고 있는데서 그것을 확인할 수 있을 것이다.

　오늘날에 와서도 철학은 많은 학자들에 의해 다양하게 구분되고
있다.16) 이 구분들은 공인된 것이 없는데다 그 기준과 관점이 각기

---

16) N. Hartmann이 그 예의 하나가 된다. 그는 *Einfuehrung in die Philosophie*
　　(Osnabrueck, Verlag Buchhandlung)에서 철학의 역사를 조망한 후, 오늘날
　　의 주요 철학적 사유로서 ① 인식론, ② 세계 속에서의 인간의 위치, ③ 실재
　　세계의 구조, ④ 윤리학, ⑤ 미학을 들고 있다. 형이상학 등은 사적 고찰에서
　　다루고 있다.

달라서 어느 철학구분 하나를 선택하여 절대적 기준으로 삼을 수 없
는 어려움이 있다. 그러나 상대적 의미에서 대표성을 띠고 있는 구
분은 있을 수 있다는 입장이며, 논자는 두 개의 기준에 의해 대표성
여부를 판별할 수 있다고 본다. 즉 오늘날의 지식생산과 지식유통의
현실을 훌륭히 반영할 수 있어야 할 것, 가능한 한 객관적 기준에
의해 작성되어 일반성이 인정되고 있어야 할 것이 그것이다. 특히
객관적이기 위해 충족되어야 할 조건들이 있다. 철학 전반을 균형
있게 포용하며, 대학에서의 교육과정을 통해 그 구분의 정당성이 입
증되어야 하며 문헌자료와 정보교환 실무에서 그 효용성이 널리 인
정되어야 할 것 등이 그 조건이 될 수 있을 것이다.

논자가 이런 기준을 설정하고 선택한 철학구분이 아래의 <표
1-1>에서 소개하게 되는 J. Hessen의 구분이다.17) Hessen은 현대
독일철학자로서 오랜 강의 경험을 바탕으로 철학전반에 대한 방대한
저술인 철학교본 Lehrbuchder Philosophie를 낸 학자이다. 그의 구
분은 Bacon적 전통, 즉 영미 중심적 관점을 상쇄할 만한 것으로도
판단된다. 이러한 판단은 개인적인 것일 수 있다. 그러나 예의 구분
이 새로운 분류법의 전개에서 유일한 기준이 되지 않기 때문에 이러
한 개인적 관점에서 비롯하여 된 난관은 다른 기준들에 의해 극복될
수 있다고 본다.

---

17) J. Hessen. *Lehrbuch der Philosophie*. Vol.1. Muenchen, Ernst Reinhardt
    Vrerlag, 1964. p. 26.

<표 1-1> J. Hessen의 철학구분

Ⅰ. Philosophie als Selbstanschauung: Ideal philosophie (자아관으로서의 철학: 이상철학)
   1. Wissenschaftslehre (학문론)
      1) Logik (논리학)
      2) Erkenntnistheorie (인식론)
   2. Wertlehre (가치론)
      1) Ethik (윤리학)
      2) Aesthetik (미학)
      3) Religionsphilosophie (종교철학)
Ⅱ. Philosophic als "Weltanschauung": Realphilosophie (세계관으로서의 철학: 실재철학)
   3. Wirklichkeitslehre (현실론)
      1) Ontologie (존재론)
      2) Metaphysik (형이상학)
      3) Weltauschauungslehre (세계관학)

이 구분의 근거는 그것이 내적 우주(inneres Universum) 아니면 외적 우주(aeußeres Universum)에 관한 학문인가 하는 여부로서, 전자의 것이 이상철학, 후자의 것이 실재철학이다. 이상철학은 다시 이론적인 것과 실천적인 것 즉 학문론과 가치론으로 나누어지며 각각 논리학, 인식론 그리고 윤리학, 미학, 종교철학을 포함한다. 그리고 실재철학은 존재를 다루는 존재론, 실재하는 것의 궁극적 원리와 본질을 다루는 형이상학 그리고 神과 세계에 대한 그의 관계, 인간의 최종 규정, 인간 역사의 의미 등을 취급하는 세계관학으로 三分된다.18)

Hessen의 이 구분에 논란의 여지가 전혀 없는 것은 아니다. 우선 神의 문제가 철학에서 매우 중요한 것으로서, 지금까지 형이상학에서 다루어 온 것은 사실이지만, 과연 종교철학이 독립주제로서 편성되어야 하는가, 존재론과 형이상학의 관계가 이렇게 상호 독립적인

---

18) J. Hessen. *Lehrbuch der Philosophie*. Vol.1 Muenchen, Ernst Reingardt Verlag, 1964. p. 26.

가, 세계관학의 탐구내용이 구체적으로 무엇인가에 대해 반론의 여지가 있기 때문이다. 이런 쟁점에도 불구하고 Hessen의 철학구분은 대학에서의 교과과정에서 상당 부분 반영되고 있어,[19] 그 타당성이 인정된다.

---

19) 고려대학교 요람(1992-93), 동국대학교 요람(1992-93), 서강대학교 요람(1992-93), 연세대학교 요람(1992-93), 이화여자대학교 요람(1992-93), 중앙대학교 요람(1993-94) 참조.

Ⅱ. DDC "100類"의 成立. 變遷과 問題點

DDC의 역사에서 오늘날 문제가 되고 있는 것은 최신판인 제20판이다, 그이전의 판들은 그 자체로서는 더 이상 유효하지 않은 것들이기 때문이다. 그러나 DDC는 지금까지 긴 역사를 갖고 있으며, 최신판이 현안이라고 하지만 그것이 이 역사에 뿌리를 두고 있어 史的고찰이 필요하다. 이 고찰에서 版하나 하나의 내용과 문제점들을 거론할 필요는 없다고 여겨진다. 그 개정이 점진적으로 이루어져, 版과版 사이의 차이가 늘 컸던 것은 아니기 때문이다. 다만 轉期가 되는판들 즉 DDC가운데서 초판, 제2판 그리고 제16판에서 제20판까지를 중심으로 오늘에 이르기까지의 DDC의 역사를 고찰하는 일은 바람직할 것이다, 초판에는 편찬자의 분류철학과 이념이 함축되어 있고, 첫 번째의 개정판인 제2판에서는 이후 계속될 개정의 방향과 원칙을 알 수 있기 때문이다. 그리고 제16판부터 제20판까지의 분류표에 주목하는 까닭은 제16판부터 미국의회도서관의 지도체제아래 새로운 DDC의 역사를 시작하게 되었으며, 제20판은 전술한대로 바로오늘날의 것이기 때문이다.

이들 판에서 문제점들이 반복해서 드러나고 있지만, 그 유형이 비슷하므로 그들 모두를 거듭해서 제시할 필요는 없다고 판단된다. 이에 논자는 해당판의 내용 분석에서 꼭 필요할 뿐만 아니라 DDC 전역사에서 의미가 있다고 판단되는 문제점들만을 해당 판에서 다루고, DDC를 총괄하면서 그 문제점들의 핵심을 찾아보고자 한다.

A. 成立背景과 構成의 變遷

1. 成立背景

DDC는 1876년에 창안 되었다. 그 초판은 A Classification and Subject Index for Cataloguing and Arranging the Books and Pamphlets of Library라는 서명으로 발행되었다. 이 서명이 말해 주고 있듯이 DDC는 지식분류에 근거하여 문헌분류의 보편적인 기틀을 마련하려는 이론적 동기에서가아니라 한 특정 도서관장서의 조직화라는 실무적 차원에서 고안 된 것이다.

Dewey가 DDC를 창안한 직접적인 동기는 그가 재학 시 학생보조원으로 일하던 Amherst대학 도서관이 처해 있던 "혼란상태"를 정비하려는데 있었다.1) 그 혼란상태가 구체적으로 어떤 것이었는지 정확하게 알려져 있지 않지만, 도서의 배가상태에서 비롯하여된 것으로 학자들은 보고 있다.2)

예컨대 G. C. Dawe는 이 혼란상태의 원인으로 첫째 이 대학도서관의 장서접근이 쉽지 않았던 점, 둘째 장서의 이동과 변경이 아주 어려운 상태로 방치되어 있었던 점을 들고 있다.3) 이것은 목록의 불비로 인한 장서접근의 어려움, 그리고 고정식 배가법(fixed location system)에 의한 장서의 이동과 변경의 곤란에서 예의 혼란상태가 일어난 것을 말한다. Dewey는 대학도서관의 이러한 문제들을 해결하기 위하여 기

---

1) 小倉親雄. アメリカ 圖書館,思想の研究. 東京, 日本圖書館協會, 1977. pp. 193-208.
2) ① G. G. Dawe, ed. *Melvil Dewey; seer: inspirer: doer, 1851-1931*. N. Y., Lake Placid Club, 1932. p. 49. (小倉親雄. Ibid., p. 199. 재인용)
   ② B. A. Custer. ed. *Dewey Decimal Classification and Relative Index*. 16th ed. N. Y., Lake Placid Club, 1958. Editor's Introduction.
3) G. G. Dawe, ed. *op. cit.*, p.49, 111. (小倉親雄. *op. cit.*, pp. 199-200 재인용)

존의 저자목록에 주제목록 즉 분류목록을 추가함으로써 주제에 의해
장서 접근할 수 있는 길을 마련하고자 하였다.4) 이에 주제목록을 작성
하는데 필요한 분류표가 고안되기에 이른 것이다.

DDC는 이렇듯이 가까운 현실적 문제에서 탄생했다. 그래서
"Amherst대학분류법" 또는 "Amherst 십진방식"5) 으로 불리기까지
했던 특정 대학도서관용 분류법이 Dewey의 생전에 전 세계적으로
보급되리라고는 창안자 자신도 전혀 생각하지 못했다.6)

논의의 초점을 철학류에 제한해서 살펴보기로 하자. DDC 100류
의 성립과정에서 주목할만한 사실은 그것이 현실적 상황을 타개하기
위해서, 그리고 미국적, 기독교적 배경에서 출발했다는 점이다.
Amherst대학은 서양철학의 本流라 할 수 없는 미국의 그것도 신학
대학이었다. 이러한 배경은 DDC의 성격형성에 다음과 같은 부정적
영향을 미쳤다.

첫째, 추상적 이론이 아니라 구체적 현실을 배경으로 한 점은 일
정기간 DDC의 통용성을 높이는데 기여했다. 그러나 특정 도서관의
소장문헌을 중심으로(분류표를 작성한 결과, 소장문헌의 성격이 다
른 도서관이나 장서 수가규증 할 경우 그 대처 능력을 잃게 될 것이
다. 따라서 달라지는 상황에 그때그때 부응해야 했고, 그러기 위해
자주 분류표를 개정하지 않을 수 없었던 것으로 보인다. 만약 DDC
가 가능한 한 모든 현실이 적용될 수 있는 이론적 기준 마련에 심혈
을 기울였다면 좀 더 보편적인 분류표를 작성, 달라지는 상황, 과학
의 진보에 좀 더 항구적인 원칙에 따라 대처할 수 있었을 것이다.

---

4) 小倉親雄. *op. cit.*, pp. 199-200.
5) ① Amherst Classification. In: *Library Journal*. Vol.57, no.3. 1932. p. 146.
(小倉親雄. *Ibid*. p. 193-194. 재인용)
② Leo E. Lamontagne. Amherst Decimal Plan. In: *American library classification, with special reference to the Library of Congress*. Hamden, Shoe String, 1961. p. 208. (小倉親雄. Ibic. p. 193-194. 재인용)
6) G. G. Dawe, ed. *op. cit.*, p. 78. (小倉親雄. *Ibid*. p. 193. 재인용)

둘째, 일반적으로 DDC가 歐美, 西歐 중심적 분류표라고 지적되어
왔지만, 철학을 보면 엄밀한 의미에서 미국적 또는 英美철학 중심적
이다. 예를 들면 용어 existentialism[7] 등에서 볼 수 있듯이 개념선
택에서 DDC는 영국과 미국의 전통을 반영하고 있는데, Dewey가
당시 알려진 다수의 지식구분 가운데서 Bacon의 것을 전거로 한 점
에서도 그렇다. 이러한 관점은 DDC가 국제적 통용성을 갖는데 부
적합함을 말해 준다.

셋째로 지적해야 할 것이 기독교(신교)적 배경에 따른 문제점이다.
神學大學인 Amherst대학 도서관에 소장된 문헌의 영향 때문인 것으로
추측되는데, 초판 200의 類名이 "Religion"이 아니라 "Theology"였다.
그 결과 神의 문제를 주로 종교의 문제로 다루도록 하고, 철학에서는
거의 취급하지 않음으로써 철학의 본질을 오도하고 있는 것으로 판단
된다.

이런 배경에서 고안된 DDC 초판 100 "Philosophy"의 전개는
<표 2-1>과 같다.

<표 2-1> DDC 초판 100류의 전개[8]

PHILOSOPHY

100	Philosophy.	150	Mental Faculties
101		151	Intellect
102	Compends.	152	Sense
103	Dictionaries	153	Understanding.
104	Essays	154	Memory.
105		155	Reason.
106	Periodicals	156	Imagination.
107	Societies.	157	Susceptibility.
108	Education.	158	Instincts.
109	History	159	Will.
110	Metaphysics.	160	Logic.

7) 참조: II장, 제20판 중 "2) 유파간의 관계설정의 문제"(pp. 69-70)에서 상세
히 논급된다.

111	Ontology.	161	Inductive.
112	Methodology.	162	Deductive.
113	Cosmology.	163	Assent.
114		164	
115		165	
116		166	
117		167	
118		168	
119		169	
120		170	Ethics.
121		171	Theoretical.
122		172	State.
123		173	Family.
124		174	Business.
125		175	Amusements.
126		176	Sexual.
127		177	Social.
128		178	Temperance.
129		179	Other.
130	Anthropology.	180	Ancient Philosophies.
131	Mental physiology and hygiene.	181	Oriental.
132	Mental derangements.	182	Early Greek.
133	Delusions, witchcraft, magic.	183	Sophistic and Socratic.
134	Mesmerism.	184	Platonic.
135	Sleep, dreams, somnambulism.	185	Aristotelian.
136	Sexes.	186	Pyrrhonist and New Platonist.
137	Temperaments.	187	Epicurean.
138	Physiognomy.	188	Stoic.
139	Phrenology.	189	Patristic.
140	Schools of Psychology.	190	Modern Philosophies.
141	Idealistic.	191	Scotch and American.
142	Critical.	192	English.
143	Intuitive.	193	German.
144	Empirical.	194	French.
145	Sensational.	195	Italian.
146	Materialistic.	196	Spanish.
147	Pantheistic.	197	Arabian.
148	Eclectic.	198	Scholastic.
149	Other.	199	Other.

2. 構成과 性格規定의 變遷

1) 構 成

DDC 제20판은 "100류"가 Philosophy, parapsychology and occultism, psychology (철학, 유사심리학과 심령론, 심리학)라는 세 개의 독립분야로 구성되어 있다. 그러나 처음부터 그렇게 구성되었던 것은 아니었다. 이들은 초판의 경우처럼 아예 철학의 분야들로 간주되었거나, 철학적인 것 또는 그것과 유관한 것으로 여겨져 왔다. 제20판에서의 유사심리학과 심령론 및 심리학은, 적어도 제19판까지 철학과의 관계 속에서 다루어져 왔다. 그러나 그 관계 또한 유동적인 것이어서 새로운 상황에 따라 조정이 그때그때 요청되게 된 역사를 갖고 있다. 이런 과정에서 主類의 분류대상을 확정하고, 다시 그 대상영역을 정하는 문제를 비롯하여, 類內의 모든 綱을 하나의 類(genus)에 포섭시킬 것인가?, 이것이 확정되지 않은 상태에서 綱사이의 관계를 어떻게 유기적으로. 설정해야 하는가 하는 문제들을 파생시켰다. DDC는 이미 제2판을 내면서부터 이들 문제로 고심했다. 그리고 거듭된 類名변경으로 이 문제를 풀고자 했다. 그러나 이 문제는 類名변경만으로는 손쉽게 해결될 수 있는 성질의 것이 아니었다. 내적 구조의 변경이 뒤따라야 했기 때문이다. 이 문제를 DDC는 제20판에 이르기까지 부분적으로 내포하고 있다. 우선 제20판의 구성을 도표로 살펴보면 <표 2-2>와 같다.

---

8) M. Dewey. *A Classification and Subject Index for Cataloguing and Arranging the Books and Pamphlets of Library*, Amherst, Mass., 1876. p. 14.

<표 2-2> DDC 제20판 100류의 구성

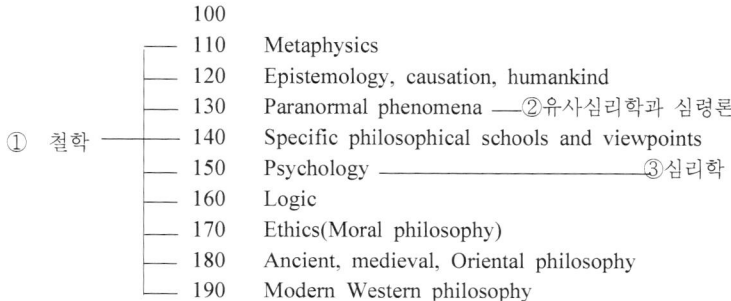

DDC "100류"가 三分되었다고는 하지만 그 역사나 비중으로 보아 근간이 되어 있는 것은 역시 철학이다. 제 20판까지의 類名, 배정된 綱의 수효가 이를 입증하고 있다.

2) 性格規定의 變遷

DDC 100類의 성격규정의 변천은 類名의 변경과정을 통해 확인할 수 있다. 다음 <표 2-3>에서 볼 수 있듯이 철학류의 類名은 "철학"에서 시작하여 "철학일반"으로 변경되고 그것은 다시 "철학"으로 환원된다. 그러나 곧 "철학과유관분야"로, 그리고 최근판(제20판)에는 "철학, 유사심리학과 심령론, 심리학"이라는 구체적인 類名을 취하기에 이른다. 이처럼 DDC가 철학류의 명칭을 거듭 변경하게 된 그 배경은 어디에 있으며, 그리고 類名변경을 통해 철학류의 성격은 어떻게 규정되어 왔는가? 그것들을 규명해 보고자 한다.

<표 2-3> DDC 100류의 類名변경

100		초판(1876)
100	Philosophy	제2판(1885)
100	Philosophy in General	제15수정판(1952)
100	Philosophy	제17판(1965)
100	Philosophy and related disciplines	제20판(1989)
	Philosophy, parapsychology and occultism, psychology	

① 哲學(Philosophy)

DDC 초판이 고안 된 1870년대는 W. Wundt 등에 의해 심리학이 점차 독립적 지위를 확립해 가고 있던 시기에 해당한다. 그 당시 심리학이란 이름만은 널리 쓰여지고 있었다. 그렇기는 하지만 심리학이 무엇을 뜻하는지 그 개념 사용에 혼란이 있었던 듯 하다. 즉 DDC 초판은 오늘날의 심리학에 해당하는 目들을 배정하고 있는 綱 150을 "Mental Faculties"로 명명하고, 정작 目 "141 Idealistic", "142 Critical", "143 Intuitive" 등에서 볼 수 있듯이 결코 심리학적 주제가 될 수 없는 것들을 포함하고 있는 綱 140을 "Schools of Psychology"로 했던 것이다. 이것은 잘못된 綱名으로서, 140은 곧바로 제2판에서 "Philosophical Systems"로, 그리고 150은 제3판부터 제11판까지 "Mental Faculties. Psychology"라는 綱名으로, 제12판에서는 아예 "Mental Faculties"를 삭제하면서 "Psychology"로 바로잡아 나가기에 이른다.

DDC 제20판의 "Paranormal phenomena"에 해당하는 것이 초판의 경우 "130 Anthropology"이다. 그런데 이 강명에 비판의 여지가 있다. Anthropology는 철학에 있어서는, 후에 철학적 인간학으로 발전하게 된, 문화적, 역사적, 생물학적 존재로서 인간을 다루는 학문으로서, 점성술이나 손금보기 등을 다루고 있는 paranormal phenomena와는 거리가 멀다.

그렇기는 하지만 "Paranormal phenomena"를 철학에 포함시킨 데에

는 타당한 근거가 있었다. 즉 Bacon이 일찍이 "magic"을 응용 형이상
학(applied metaphysics) 또는 "operative natural philosophy"의 하나
로 보았는데9) Dewey가 DDC 초판에서 "magic"을 綱 130의 目 중의
하나인 133에 배정한 것은 그 이론적 근거를 인정할만한 것이었다.

여기에서 주목하고자 하는 것은 명칭사용의 혼란이 아니라,
Dewey가 심리학과 paranormal phenomena를 철학의 분야로 간주,
철학에 포함시키고 類名을 철학(Philosophy)으로 한 이유가 적어도
이 시점에서는 인정될 만한 것이라는 사실이다.

② 哲學(Philosophy) → 哲學一般(Philosophy in General)
철학(Philosophy)이라고 하면 협의의 철학 즉 엄밀한 學으로서의
전통철학 또는 순수철학만을 뜻할 수도 있다. 그 의미를 이렇게 한
정적으로 쓸 경우 DDC 100의 類名에 문제가 있을 수밖에 없다. 그
것을 철학일반을 의미하는 Philosophy in General로 바꾸면 그 대상
범위가 확대되어 무엇을 철학에 포함시킬 것인가가 좀 더 신축적으
로 다루어질 수 있다. DDC 편자는 이후철학이란 말을 한정적 의미
로 사용할 것인가, 일반의 의미로 사용할 것 인가고 심한 것 같다.
그것을 철학(Philosophy)이란 類名으로 환원한 데서 볼 수 있다. 그
러나 이런 명칭변화에 걸맞은 내용변화는 없었다. 그러다가 다시 이
명칭을 버리게 되는데, 그것은 철학류의 구성이 더 이상 단일하지
않다는 의식을 반영한 것으로 보인다.

③ 哲學一般(Philosophy in General) → 哲學(Philosophy)
DDC는 제15판에 이르러 실용성을 고려하여 분류표를 크게 간소
화하게 되었는데, 이러한 작업의 일환으로 類名을 다시 단순화한 것
으로 판단된다.

---

9) F. Copleston. *A History of Philosophy*. Vol.3. Westerminster, Maryland,
The Newman Press, 1959. p. 297.

④ 哲學(Philosophy) → 哲學과 有關分野(Philosophy and related disciplines)

"철학과 유관분야"로 類名을 바꿈으로써 綱 130과 150이 더 이상 철학 속에 포함될 수 없음을 암시하고 있다. 제17판이 간행된 무렵, 심리학은 이미철학으로부터 독립했고, 오랫동안 유사철학으로 간주되었던 綱 130도 綱名 "Pseudopsychology, parapsychology, occultism"에서 볼 수 있듯이 유사 심리학적인 것으로 취급되기에 이르렀다. 그러면서 같은 류에 포함시킬 수 있는 논리적 근거로 철학에 대한 이들의 史的 의존관계를 밝히지 않을 수 없었던 것으로 보인다. 그러나 전체적으로 보아 類名은 그 표현에서 아직 모호한 점을 갖고 있다.

⑤ 哲學과 有關分野(Philosophy and related disciplines) → 哲學, 類似心理學과 心靈論, 心理學(Philosophy, parapsychology and occultism, psychology)

제20판에 이르기까지 수차 있었던 類名변경은 綱 130과 150에 대한 모호한 성격규정과 그간 달라진 철학과 이들의 관계에서 비롯하여되었다. 그러다가 유사심리학과 심령론(parapsychology and occultism)을 심리학에 귀속시킬 수 없음이 드러났다. 그리하여 결국 이들 세 분야를 병치시켜, 기존의 수직, 수평관계를 무너뜨리고 이들의 독립성을 명시하기에 이른 것이다. 그것은 역으로 철학에게는 순수성을 확보하는 계기가 되기도 하였다. 그리고 오늘의 시점에서 볼 때 제20판에서의 類名은 가장 합리적인 것으로 평가된다.

B. DDC "100 類"의 變遷過程

1. 초 판

1) 綱區分의 根據

"100류"의 전개에 있어서도 Dewey는 Bacon의 철학구분을 참고로 하고 있다. 그러나 類의 구분에서와 달리, "100류"의 綱구분에서는 逆Bacon式이 아닌 順Bacon式 즉 Bacon의 철학구분의 순서를 따르는 방식을 취하고 있는데, 이들의 관계는 다음 <표 2-4>와 같다.

<표 2-4> Bacon의 철학구분10) 과 DDC 綱의 관계

Bacon의 철학구분				DDC의 綱 구분
Speculative natural philosophy	Metaphysics*			110 Metaphysics
Operative natural philosophy	magics*			134 Magic
Anthropology*	body	medicine cosmetics athletics		130 Anthropology
	soul	logic*		160 Logic
		ethics*		170 Ethics

Dewey는 <표 2-4>와 같이 구분된 綱 4개에, "140 Schools of Psycho-logy", "150 Mental Faculties"를 덧붙이고, 시대구분에 따른 綱 "180 Ancient Philosophies"와, 綱은 시대구분에 의거하고 目은 지역구분에 의해 전개한 "190 Modern Philosophies"를 첨가하였다.

120은 공기호로 남겨 두었다.

그러나 이 綱구분의 과정에서 Dewey는 類槪念과 種槪念, 上位槪念 과 下位槪念 및 同位槪念 사이의 從屬, 平衡關係 등에 대한 형식 논리 에 구애됨이 없이 자의적으로 Bacon의 구분을 따르고 있다. 그것은 Bacon의 지식구분에서 區分肢 사이의 논리적 관계가 더 이상 현실적 이지 않다는 판단에 따른 것이겠지만, 그로 인하여 분류체계의 논리적 질서의 문제를 남겨두게 되었다. 즉 "160 Logic"과 "170 Ethics"의 상 위개념인 "soul"과 동위관계에 있는 개념은 "magics"이다. 그리고 "soul"의 상위개념은 "anthropology"인데, 그것에 "magics"를 포함하 여 독립 綱으로 만든 것에 논리적 비약이 있는 것이다.

2) 綱區分의 基準

Dewey는 主類를 전개하면서 대체로 주제구분, 시대구분, 지역구 분이라는 세 개의 기준을 사용하였다. "100류"의 경우도 예외가 아 니다. 초판 "100 Philosophy"는 다음 <표 2-5>와 같이 주제구분과 시대구분 그리고 지역구분에 의해 전개하고 있다.

아래와 같이 두 개 이상의 기준에 의거하여 강을 구분할 때 교착 구분의 문제가 생긴다. 그런데도 기준을 다원화한 것은 그 내용이 통합적이거나 성격구분이 모호한 피구분체를 다면적으로 또는 신축 적으로 구분하려는 의도 때문인 것으로 보인다. 그러나 장기적으로 볼 때 다원화된 기준이 더 많은 문제점을 가져온다는 사실에는 편찬 자가 유념하지 않은 것 같다.

<표 2-5> DDC 100류의 綱구분의 기준

```
110   Metaphysics ─────────────┐
120                             │
130   Anthropology ────────────┤
140   Schools of Psychology ───┼─── 주제구분에 의한 綱
150   Mental Faculties ────────┤
160   Logic ───────────────────┤
170   Ethics ──────────────────┘
180   Ancient philosophies ────────── 시대구분에 의한 綱
190   Modern Philosophies ─────────── 시대·지역구분에 의한 綱
```

DDC는 초판에서의 綱구분 등 그 골격을 유지한 채 19차례 개정을 했다. 세분 전개, 이치 등을 통해 구분력을 높이고 배정항목을 합리적으로 조정하는 등 개선을 거듭했지만, 그 틀에서 달라진 것이 없다. 따라서 綱 구분기준의 문제는 제20판까지도 여전히 남아 있다.

3) 綱의 順序

Dewey는 順Bacon式에 따라 4개의 주제를 강으로 실정한 후, Bacon의 학문구분에 없는 강 180과 190을 뒤이어 설정, "100류"의 강 순서를 확정하였다.

J. P. Comaromi는 이러한 綱의 순서를 옹호하고 있다. 사물의 궁극적 본성과 원인을 탐구하는 근원적 분야인 형이상학을 첫 번째 자리에 배열하는 것이 옳다는 논지이다. 그 다음으로 인간을 신체적 그리고 지적으로 다루는 인간학(anthropology)이, 그. 다음에 인간정신의 지적 산출을 다루는 "Mental Faculties"가 뒤따라야 한다는 것이다. 여기서 어떻게 "Mental Faculties"를 구성하는 관념을 처리하는가 하는 문제가 제기되고, 그 때문에 논리학이 그 뒤에 배열되는 것이 자연스럽고, 다시 그 뒤에 관념의 적용 즉 윤리학이 배정되는 것이 합리적이라는 논리이다.10)

Comaromi의 이러한 견해는 지극히 자의적이다. 중요성 정도에 따라서라고 하지만 이러한 순서는 대학에서의 철학 교과편성 순서에도 어긋나며 철학적 논의의 순서와도 일치하지 않는다. 중요성이 기준이 된다면, 어떻게 "130 Anthropology" 다음에 "140 Philosophical Systems", 그 다음에 "150 Mental Faculties"가 뒤따르는지 설명되어야 하는데 그렇지 못하다.

Metaphysics의 경우를 보자. Metaphysics는 physics 다음(meta). 뒤, 배후 또는 넘어서의 뜻을 갖고 있다. 이 개념은 Aristoteles 死後, 그의 전집을 출간하는 과정에서 부수적으로 생겨난 것이지만, Aristoteles의 의도에 훌륭히 부합하고 있다. Aristoteles는 후에 metaphysics로 이름을 얻은 철학을 원래 第一哲學으로 불렀다. 그것은 學의 學이라는 의미일 뿐, 철학적 논의나 학습에서 첫 번째 것임을 뜻하지는 않는다. 그것을 편집한 Andronikos는 오히려 그것을 metaphysics로 부름으로써 physics 다음에 와야 할 것임을 분명히 하고 있다.11) 즉 형이상학은 인간과 자연을 탐구한 후에야 접근이 가능한 최고의 학문인 것이다. Aristoteles 자신도 <표 2-6>과 같이 그의 지식구분에서 7개의 피구분지 가운데서 형이상학을 가장 끝에 배정하고 있다.

10) J. P. Comaromi. *The Eighteen Editions of the Dewey Decimal Classification*. Albany. N. Y., Lake Placid Education Foundation, Forest Press Division, 1976. pp. 36-37.
11) S. P. Lamprecht. 西洋哲學史. 金泰吉, 尹明老, 崔明官, 공역. 서울, 을유문화사, 1983. pp. 107-109.

<표 2-6> Aristoteles의 지식구분12)

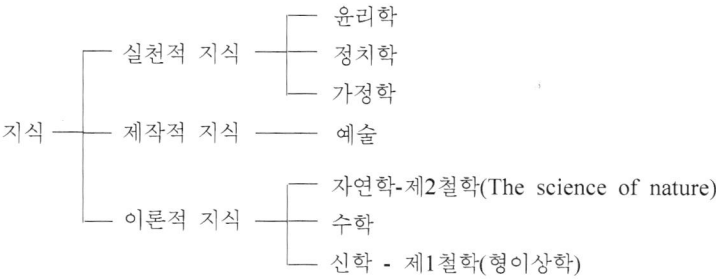

Hessen의 철학구분에서도 형이상학은 역시 8개의 구분지 가운데 7번째에 자리하고 있다.13)

그런가 하면 세계 대부분의 대학에서도 논리학, 인식론 등을 선수 과목으로 교과를 편성하고 형이상학은 고학년 과목으로 하고 있다. 따라서 철학적 논의의 전개나 흐름으로 보아서 "160 Logic"이 앞에 그리고 "110 Metaphysics"가 그 뒤에 와야 합리적인 순서가 될 것 이다.

4) 項目(綱과 目)의 配定

10개의 綱을 배정할 수 있다는 십진법의 이점 때문에 Dewey는 형 이상학, 논리학, 윤리학 등 주요 분야를 綱으로 설정하고서도 120을 공기호로 남겨두는 여유를 보였다. 그러면서 철학에서 핵심분야로 간 주되어 온 인식론과 미학을 독립 綱으로는 전혀 고려하지 않았다.

目의 설정에서도 적지 않은 불균형이 확인된다. 비서양철학을 최소한 으로 반영하고 있을 뿐만 아니라 "110 Metaphysics"와 "160 Logic" 등

---

12) W. K. C. Guthrie. *A History of Greek Philosophy*. Vol.6. London, Cambridge University Press, 1981. p. 130.
13) 참조: <표 1-1> J. Hessen의 철학구분.

에서는 극히 일부의 항목을 目으로, 그나마 자의적인 선택을 통해서 배정하고 있다. 예를 들면. "160 Logic"의 경우, "Inductive", "Deductive" 그리고 "Assent" 등 세 개의 目을 두고 있는데, "Assent"가 무엇을 의미하는지 모호할 뿐만 아니라. 개념론, 판단론. 그리고 오류론 등이 항목으로 배정되어 있지 않아, Dewey가 논리학이 어떤 분야인지 바르게 이해하고 있었는지가 의심스럽기까지 하다. 거기에다가 주제구분에서 철학의 핵심주제 가운데 하나인 神論이 빠져 있는 것도 주목할만하다.

神의 문제는 Socrates 이전부터 철학에서 다루어 온 것으로서 철학에서 논외로 할 수 없는 것이다. 그런데 Dewey는 신에 관한 항목(綱)을 철학에 배정하지 않았다. 그는 신의 문제를 "200 Theology"(231 God)에서 다루도록 했다. 물론 신학적 의미나 특정 종교에서의 신의 문제는 200류에서 취급해야 한다. 그러나 신학에서의 신은 신앙의 대상이지 철학에서처럼 논중의 대상은 아니다. 철학에서는 신의 존재여부와 그 방식을 논중한다. 이것이 神論으로서 신학과 다른 점이다.

중세의 Augustinus와 Thomas Aquinas 등 기독교 철학자들에 있어서의 神존재 증명 같은 것은 "200 Theology"에서 다루어도 크게 무리가 되지 않을 것이다. 그러나 Socrates, Platon. Aristoteles. Descartes, Spinoza, Kant, Feuerbach, Nietzsche 등에게 중요 주제가 되고 있는 神의 문제는 어떤 체계 속에서 다루어야 하는가? 神을 독립주제로서 綱에 배정하는 것이 무리였다면 적어도 "110 Metaphysics"에 目으로라도 배정했어야 했는데, 전혀 이 점을 고려하지 않았다. 철학과 신학의 관계를 옳게 이해하지 못한 결과로 보인다.

Dewey의 입장은 그가 특정대학 소장 장서분류에 목적을 두었으며, 그 때문에 그의 분류는 그 대학의 장서에 의해 제한될 수밖에 없었던 사실에 의해 변명될 수 있을 것이다. 그러나 그가 앞으로 추가될 장서들에 유념하여 미래지향적인 분류체계의 완성을 고려했다면 항목배정이 좀 더 합리적으로 이루어졌을 것이다.

5) 時代區分

철학사가들은 서양철학을 대체로 고대, 중세, 근세 그리고 현대로 나눈다. 이들 가운데서 DDC가 항목으로 설정하고 있는 것은 고대와 근세이고, 중세와 현대는 반영하고 있지 않다.

현대철학은 오늘날, 즉 20세기의 철학을 가리킨다. 학자에 따라서는 현대철학이 이미 19세기 중, 후반의 철학에 뿌리를 두고 있는 것으로 말하고 있는데, J. Hirschberger나 I. M. Bochenski가 그 예이다.[14] Dewey가 DDC를 창안한 것이 1876년의 일이였으므로, 현대철학의 태동기에 해당한다. 그리고 그 무렵에는 현대철학이 구체화된 것이 아니어서 그가 초판의 시대구분에서 현대를 논외로 한 것은 충분히 이해된다.

그러나 중세관계 항목이 배정되어 있지 않은 점은 납득하기가 쉽지 않다. 강 120을 공기호로 남겨 둔 것으로 미루어 보아, 강의 수에 제약을 받은 때문이라고 보기는 어렵다. 그 보다는 오히려 철학의 시대구분을 숙지하지 못한데서 비롯하여 된 결과로 해석된다. 중세철학은 Augustinus를 정점으로 한 교부철학(Patristic)과 Thomas Aquinas 등의 스콜라철학(Scholastic)으로 되어있다.[15] 그리고 근세철학은 스콜라철학의 몰락이후 시작된다.[16] 그런데 DDC는 이들을 나누어 교부철학은 "180 Ancient Philosophies" 아래 189에, 그리고 스콜라철학은 "190 Modern Philosophies" 아래 즉 198에 각각 배정하고 있는 것이다. 이것은 초판의 한계를 말해 주는 예가 될 것이다. 綱 수효의 제약 때문일 경우라면 180을 고대, 중세철학으로 하고

---

14) 참조: ① J. Hirschberger. *Geschichte der Philosophie*. Vol. 1, 2 Freiburg, Herder, 1987.
　　　② I. M. Bochenski. *Europaeische Philosophie der Gegenwart*. Bern. Francke Verlag, 1947.
15) B. Russell. *History of Western Philosophy*. 2nd ed. London, George Allen and Unwin, 1961. pp. 303-308.
16) S. P. Lamprecht. 西洋哲學史. 金泰吉, 尹明老, 崔明官, 공역. 서울, 을유문화사, 1983. pp. 297-299.

198 스콜라철학을 綱 180으로 이치 시켰어야 했다.

더더구나 "190 Modern Philosophies"의 세목은 지역구분에 의한 것인데, "198 Scholastic"은 지역개념이 아니라 思潮의 이름이다. 즉 그것은 다른 目들에 대해 異類개념이어서 같은 類에 포섭되는 種 즉 구분지가 될 수 없는 것이다.

2. 제2판: 최초의 개정

초판이 발간된 1876년으로부터 9년이 지난 1885년에 첫 번째 개정판인 제2판이 간행되었다. 이 기간 동안 DDC는 비판과 환영을 동시에 받으면서 긴 논쟁의 와중에 들게 되었다. 쟁점은 우선 shelf classification과 book numbers 등에 관한 것이었다. 이런 논쟁 중에서도 DDC의 우월성이 점차 입증되기에 이르렀다.[17] 논쟁이 한창 진행 중이던 1882년 Dewey는 초판 보다 월등히 개선된 DDC 개정판을 위한 작업이 진행되고 있음을 밝힌 바 있다. 그러면서 그는 이 작업을 위한 조언과 비판을 환영한다고 말했다.[18] 제2판의 간행을 촉진한 것은 그가 New York에 도착, 여기저기 흩어져 있던 Columbia collection을 한 건물 속에 모으고 그것을 DDC에 따라 재 분류하려한 그의 결심이었다. 그를 움직인 것은 여기서도 초판에서와 마찬가지로 이론적 분류가 아니라 도서관의 장서구성에 의한 편리와 도서관의 실용적인 요청이었다. 이렇게 하여 빛을 본 제2판은 초판의 그것에 비해 매우 방대한 것이었다. 당시 다른 분류체계를 비교 검토하고, 비판을 수용했는가 하면, 조언자의 도움을 받으면서 완성한 제2판은 그 내용에서도 괄목할만한 진전을 보았다.

---

17) J. P. Comaromi. *The Eighteen Editions of the Dewey Decimal Classification.* Albany, N. Y., Lake Placid Education Foundation, Forest Press Division, 1976. pp. 93-94.
18) *Ibid.* p. 98.

a. 개정된 사항들

1) 綱의 명칭에 변경이 있었다.

"100류" 중 제2판에서 綱名이 변경된 綱들을 살펴보면 <표 2-7>과 같이 "130", "140", "180" 그리고 "190"이다.

<표 2-7> DDC 초판과 제2판의 綱名의 변경

<초 판>		<제2판>	
① 130	Anthropoloty	→ 130	Mind and Body
② 140	Schools of Psychology	→ 140	Philosophical Systems
③ 180	Ancient Philosophies	→ 180	Ancient Philosophers
④ 190	Modern Philosophies	→ 190	Modern Philosophers

① 초판의 "130 Anthrpology"를 명칭 상으로나마 Bacon의 학문구분에서 最近種인 body와 soul로 하향 조정하여 "Mind and Body"로 불렀다. 근세이래. 철학에서, mind와 soul은 이런 경우 즉 body와의 관계가 문제될 때 같은 연관에서 사용되어 왔다.19) 이로써 Dewey는 綱 130을 "160 Logic"과 "170 Ethics"를 제외한 綱들과 同位관계에 있도록 개선하였다. 그러나 그 아래 포함된. 항목들을 보면, 여전히 유사철학적인 것으로서, Descartes 이래 형이상학에서 주

---

19) Descartes와 그의 후계자들은 Bacon의 soul과 body관계에 mind와 body의 관계를 대응시켰다. Descartes는 心身二元論을 주장하여 mind(마음 또는 정신)와 body(몸 또는 신체)가 전혀 다른 것이라고 하였다. 이후 철학자들은 이들 사이의 관계를 놓고 오랜 논쟁을 벌려 왔다. 오늘날도 그것은 철학에서 중요한 테마로서 취급되고 있는데, 그것을 학자들은 "mind-body problem"으로 부른다. 이러한 사적 진행과정에 미루어 볼 때, Dewey가 130의 강명을 "Mind and Body"로 바꾼 것은 일단 시의 적절한 조치로 보인다.
참고: R. Taylor. *Metaphysics*. N. J., Englewood Cliffs, Prentice-Hall, 1963.

요 주제로 다루어 온 心身(mind and body)문제와는 전혀 다른 것이
어서, 결국 명칭과 내용의 불일치 또는 개념오용의 문제를 남겼다.

　② DDC의 성격규정의 변천을 다룰 때, "140 Schools of
Psychology"에서 명칭 Psychology에 문제가 있음을 확인하였다. 초
판 140의 전개를 다시 보면 <표 2-8>과 같다.

<표 2-8> DDC 초판 140의 전개

140	비고(내용)[20]
140　Schools of Psychology	
141　Idealistic	인식론
142　Critical	인식론
143　Intuitive	인식론
144　Empirical	인식론
145　Sensational	인식론
146　Materialistic	형이상학
147　Pantheistic	형이상학
148　Eclectic	
149　Other	

　위의 目들은 綱名과 명실상부하지 않은 내용의 것들로서, 심리학과
는 무관하거나 거리가 먼 것들이다. 그것들은 오히려 비고란에 그 성
격이 규정되어 있듯이 대체로 인식론적인 것이거나 형이상학적인 것들
이다. 이들은 어느 綱 하나에 나란히 배정될 수 있는 것들도 아니다.
이 綱名을 제2판에서 "Philosophical Systems"로 바꾼 것은 Dewey가
초판에서의 綱名이 잘못 부여된 것임을 인정한 결과일 것이다. 형식상
이나마 이러한 명칭의 변경은 개선을 뜻한다. "Systems"로 한 것도 目
들이 단순히 망라된 점을 반영한 결과로 보인다.

　③ "180 Ancient Philosophies", "190 Modem Philosophies"에서
Philosophies를 Philosophers로 바꿈으로써 哲學史가 哲學者 중심으

---

20) 安浩相. 인식론. 世界哲學大事典. 서울, 교육출판공사, 1980. pp. 909-911.

로 서술된다는 일반적 전통을 따르고 있다. 개별 철학자로 세분 전개하면서 불가피해진 것이 명칭의 변경이었을 것이다. 그러나 이런 철학자 중심의 目의 명칭은 제15판 이후 고수되지 않았다.

2) 세분 전개가 광범위하게 이루어져 구분력이 향상되었다. "181"을 예로 보면 다음 <표 2-9>와 같다.

<표 2-9> DDC 초판과 제2판의 181 비교

<초 판>	<제2판>
181 Oriental	181 Oriental Philosophers.
	.1 Chinese, Confucius. Mencius.
	.2 Egyptian.
	.3 Jewish, Kabala, Philo, Maimonides
	.4 Indian, Gymnosophists.
	.5 Persian, Sufism.
	.6 Chaldaean.
	.7 Sabeism.
	.8 Phoenician.
	.9 Syrian.

이러한 세분 전개는 類內의 모든 綱에 이루어진 것으로 제2판에서 세목까지 전개되었다. 이 과정에서 십진분류법의 한계가 하나 드러났다. 공기호로 남겨둔 것이 다수 있으나 대개의 경우 9개의 항목으로 전개하려는 노력이 역력했다. 예를 들자면 "191 American Philosophers"의 경우, "191.9 Other American Philosophical Writers"를 제외하고, 8개 세목에 8명의 개별 철학자를 배정하고 있는데 그 비중을 고려, 9라는 숫자에 연연할 필요가 없다고 본다. 이 점은 "192 British Philosophers", "193 German Philosophers", "194 French Philosophers"의 경우에도 마찬가지이다. 즉 이처럼 십진분류법의 이점을 최대한으로 살리려 할 경우 항목 10을 채워야 한다는 부담과 더불어 그 이상일 때 10으로 줄

여야 한다는 단점을 준다. 즉 융통성이 적어지고, 분류가 경직성을 띨 우려가 있는 것이다.

3) 추가된 綱과 目이 있다. 초판에서 공기호로 남겨두었던 120을 "Other Metaphysical Topics"로 綱名을 정한 후 9개의 目으로 전개 했고, "110 Metaphysics"에 6개의 目을 추가하는 등 십진법적 전개 의 취지를 살렸다. 특히 새로 배정된 "121 Theory of knowledge. Origin. Limits"에 처음으로 인식론 관계 항목이 등장하게 되었다.

4) 移置를 통해 분류 오류를 바로 잡고, 항목들을 합리적으로 조정 하였다. 초판의 "189 Patristic"을 "189 Early Christian and Medieval Philosophers"로 명칭을 바꾸어 중세철학을 目으로 반영하면서 세분 전개했다. "189.1 Gnosticism", "189.5 Mystic"을 추가했고 "197 Arabian"과 "198 Scholastic" 이치 시켰다. 이치항목을 보면 다음 <표 2-10>과 같다.

<표 2-10> DDC 초판과 제2판의 180, 190의 이치항목

	<초 판>		<제2판>
189	Patristic ⟶	189	Early Christian and Medieval Philosophers
197	Arabian ⟶	189.3	Arabian, Avicenna, Averroes
198	Scholastic ⟶	189.4	Scholastic. Scotus, Aquinas, Anselm, Abelard,

<표 2-10>에서 보는 바와 같이 197과 198을 綱 180으로 이치, 시대구분의 오류를 바로잡고, 이치로 인하여 공기호로 남게 된 197 에 "Slavic Philosphers"를, 198에 "Scandinavian Philosophers"를 추 가로 배정하여 "190 Modern Philosophers"를 강화하다.

b. 향후 개정의 방향

첫 번째 개정은 향후의 개정방향과 방법 그리고 한계 등을 제시하고 있는 점에서 DDC 전 역사에 있어서 중요한 의미를 갖는다. 앞서의 검토에서 확인된 개정의 방향들은 다음과 같이 요약될 수 있을 것이다.

1) 綱구분과 배열 순서 등 골격에는 손을 대지 않는다.
2) 세분 전개를 통해 구분력을 높여 간다.
3) 綱의 명칭 등 항목의 이름과 개념을 합리적으로 고쳐 나간다.
4) 移置 등을 통해 분류 오류를 바로 잡는다.

c. 개정의 한계와 쟁점들

제2판이 초판에 비해 질과 양에서 크게 개선된 것임은 사실이지만, 그 체제를 제2판에서도 고수한 결과 개선은 전면적인 것이 되지 못하고 부분적인 것에 그치고 말았다. 綱의 새로운 구분, 항목의 합리적 재배정 등 구조상의 문제가 개선되지 못했기 때문에, 제2판 또한 초판의 구조상의 문제점들을 고스란히 이어 받게 되었다. 이런 골격 유지의 방침은 제20판까지 이어지는데, DDC 개정의 폭은 이런 골격에 의해 크게 제한을 받을 수밖에 없었다. 그러면서 개정과정에서 또 다른 오류를 범해 새로운 개정의 필요성을 남겨둔 경우도 흔히 있다. 그 새로운 문제점들을 살펴보자.

1) 항목선정이 자의적이고 선택적이어서 불균형을 초래하고 있다.

예 ① 제2판이 초판 "147 Pantheistic"을 "147 Pantheism. Monism"으로 한 것은 보완의 의미를 갖는다. Pantheism(汎神論)은 자연이 곧 神이라는 내용의 神論이고 monism(一元論)은 세계를 떠받치고 있는 원리가 하나라는 철학적 입장이다. 그런데 pantheism은 神에 대한 다른 이해 즉 theism(有神論), deism(理神論), panentheism(萬有在神論),

atheism(無神論), agnosticism(不可知論)의 상관개념으로 같은 연관에 서 다루어져야 할 것이다.[21] Monism은 dualism, pluralism의 상관개 념인데, 그것을 pantheism과 같이 취급하는 이유가 매우 모호하다. 神 의 수효에 관한 입장에는monotheism(一神論), polytheism(多神論), henotheism(單一神論)이 있는데, 여기서는 monism으로 되어 있다. DDC는 agnosticism을 149.7에 배정하여 神에 대한 다른 입장 모두를 항목으로 배정하지 않아 심한 편파성을 야기했다. 이것은 피구분지 전 부를 망라해야 한다는 구분의 규칙을 위반한 예가 된다.

예 ② "144 Empiricism"(경험론)의 상관개념은 "Rationalism"(합 리론)이다.[22] 대륙의 합리론과 영국의 경험론은 서로 비판적 관계에 있으면서 근대철학의 발전을 주도해 온 두 축이다. DDC 제2판에서 는 합리론을 제외함으로써 스스로 경험론의 존재와 논의의 의미를 반감시켰다. 이것은 東洋哲學에서 陰을 다루면서 陽을 따로 다루는 것과 같은 이치일 것이다.

예 ③ "124 Teleology"(目的論)도 마찬가지이다. 목적론은 인간행 위를 포함해서 전자연의 진행이 주어진 목적을 향하고 있다는 입장 이다. 이 때 이진행의 추진력은 앞에 있는 목적이다. 대표적인 것은 神의 최후심판을 통한창조 역사의 마감으로서 오메가(Ω) 포인트를 제시하는 기독교의 목적론이다.[23] 이에 반대하는 입장이 기계론 (mechanism)이다. 그것은 인과법칙에 의해, 즉 원인을 결과에 선행 시키는 법칙이다. 그리하여 그것은 세계를 뒤에서 앞으로 밀어내는 운동, 달리 말하여 모든 운동의 추진력을 뒤에 있는 원인에 두는 입 장이다.[24] 기계론은 반기독교적 세계관을 뒷받침한다. 이들 또한 상

---

21) *Philosophisches Woerterbuch*. Stuttgart, Alfred Kroener Verlag. 1969. pp. 214-216.
22) *Ibid.*, p. 133. p. 501.
23) M. O. Beckner. Teleology. In: *The Encyclopedia of Philosophy*. Vol.8. New York, Macmillan, 1967. p. 88.
24) M. O. Beckner. Mechanism in Biology. In: *The Encyclopedia of philosophy*.

관개념이다. 그런데도 Dewey가 그의 전개에서 기계론을 논의로 한 것은 이들 사이의 관계에 대한 이해부족의 결과인지, 기독교적 성향 때문인지 그 이유는 분명치 않다.

2) 전개상 분류오류를 남겼다.

예를 들면 대륙 합리론의 아버지 격인 Descartes를 "144 Empiricism, e. g. Descartes, Bacon"으로 한 점이다. "146 Materialism, Positivism, e. g. Hobbes, Comte": "147 Pantheism, Monism, e. g. Spinoza"로 되어 있는 것에 미루어, Dewey는 Bacon과 Descartes를 같이 경험론의 대변자로 본 것 같다. 이것은 명백한 오류이다.

3) 항목 배열 상의 문제가 있다.

"149.5 Optimism", "149.6 Pessimism", "149.8 Nihilism"은 삶과 세계를 이해, 평가하는 세 유형의 관점들이다. 그리고 "149.7 Agno-sticism"은 두 가지 의미를 갖고 있다. 우선은 神의 존재 여부에 대해 알 수 없다는 것이요, 부차적 의미로는 眞理와 眞實은 인식불가능하다는 것이다.25) 첫 번째의 의미라면 神의 존재 문제에 관한 항목이어서 여기서는 同類개념이 되지 않는다. 두 번째의 의미라면 배열을 달리하여 "Nihilism" 다음에 와야 한다. 입장의 유보를 뜻하는 것이어서, 천명된 입장들이 다 열거된 후에 오는 것이 합리적이다. Nietzsche도 pessimism을 nihilism의 전단계로 간주, 그 순서에 따라 살펴보아야 한다고 했다.26) 즉 이들 사이에 다른 입장이 삽입될 경우 논의의 질서가 훼손되게 된다.

Vol.5. New York, Macmillan, 1967. p. 250.
25) *Philosophisches Woerterbuch.* Stuttgart, Alfred Kroener Verlag, 1969. p. 7.
26) F. Nietzsche. *Der Wille zur Macht.* Stuttgart, Alfred Kroener Verlag, 1964. p. 12.

4) 綱名 등에 개선의 여지가 있다.

"120 Other Metaphysical Topics"下의 "121 Theory of knowledge. Origin. Limits"은 형이상학적 주제가 아니라 인식론적주제이다. 제19판에서 綱名을 "Epistemology, causation, humankind"로 바꾸게 되는데, 그것은 제2판에서 綱名을 바르게 짓지 못했기 때문이다.

綱 110과 120 사이의 관계 또한 여전히 문제가 된다. 만약 그 下位항목들이 내용에 미루어 보아 같은 綱에 속할 수 없는 것들이라면, 綱名을 달리해야 했고, 同一綱에 배정될 성질의 것들이라면 두 개의 綱으로 나누어 항목들을 양분할 이유가 없었던 것으로 보이기 때문이다. "130 Mind and Body" 또한 綱名은 형이상학적인데 그 속에 있는 目들은 유사철학적인 것들이어서 명실상부하지 않다. 따라서 최선의 길은 綱' 120에 포함되어 있는 형이상학적항목들은 綱 110으로 이치 시키고 강 130은 강명을 달리하여 항목들에 부합하게 하는 일이었을 것이다.

5) 英美 또는 미국적이며 기독교 중심적 성격에 커다란 변화가 없다.

"140 Philosophical Systems"에 "143 Intuitionalism" "144 Empiricism", "145 Sensationalism"이 배정되어 있는데, 여기에서 영국철학 중심의 경향을 확인할 수 있다. 근대철학에서 독일, 프랑스가 차지한 비중을 고려하지 않고 "190 Modern Philosophers"를 "191 American Philosophers", "192 British Philosophers" 순서로 한 것에서 미국적 관심을 확인할 수 있다.

동양철학에 대한 세분 전개가 있어 구분력이 제고되기는 했으나 "181 Oriental Philosophers"의 9개 세목 가운데 7개가 서양철학과 유관했던 지중해 연안 또는 근동의 것이고 순수 동양철학의 것으로는 "181.1 Chinese. Confucius. Mencius"와 "181.4 Indian. Gymnosophists"가 배정되어 있을 뿐이다. 이것은 외형상의 변화에도 불구하고 서양철학 중심적 시각을 벗어나고 있지 못함을 말해 주는 예이다.

제2판에서 "200 Theology"가 "Religion"으로 강명이 개정되어 기독교적한계를 벗어나려 하고 있지만, "171.1 Authority. Will of God. Christian"과 "172.3 Relations to Church"의 세목들에서 볼 수 있듯이 여전히 기독교 중심적이다.

6) 哲學一般에 대한 熟知度가 여전히 낮다.

綱名의 합리적 변경, 세분 전개, 항목의 移置, 추가 등을 통해 크게 개선되었지만 초판에서 살펴 본 문제점들을 제2판도 갖게 되었다. 기본골격 유지에서 비롯하여 된 한계 외에도 또 다른 한계를 DDC가 갖고 있었던 것이다. 그것은 哲學에 대한 전문가적 안목이 부족했기 때문에 불가피했던 한계로서, 제2판이 갖고 있는 문제점들의 다수가 이 때문에 생겨난 것들이다. "120 Other Metaphysical Topics"나 140 "Philosophical Systems"는 비전문적 綱들이다. 110 등으로 移置시킬 것들을 主 내용으로 하고 있다. 개념의 상관관계를 고려하지 않고 항목을 배정한 것, 분류상의 오류 등은 哲學에 대한 초보적인 숙지 정도로도 피할 수 있었던 문제들이다.

綱 120과 130의 명칭에 대응하는 철학영역은 없다. 형이상학, 인식론, 논리학, 윤리학, 미학 등이 있을 뿐이다.27) 그런데도 Dewey는 이처럼 그 성격이 불분명한 綱들을 실정하여, 항목들을 산만하게 분산 배정하고 있다.

---

27) R. Blazek & E. Aversa. *The Humanities; A Selective Guide to Information Sources.* 3rd ed. Englewood, Col., Libraries Unlimited, 1988. pp. 18-19.

3. 제3판 — 제15판

Dewey는 첫 개정판인 제2판의 서문에서 "개정판에서 필요한 변화를 했다고 해서 앞으로 발행될 판들에서도 그런 변화를 계속하리라는 두려움을 가질 필요는 없다"[28] 고 밝히고 있다. 확실히 첫 번째의 개정판은 파격적인 것으로서 이러한 파격은 도서관 실무자들에게 커다란 혼란과 향후 그런 파격이 반복될 수 있다는 데에 대한 두려움을 야기하기에 충분한 것이었다. 따라서 Dewey의 위와 같은 鎭撫性 발언은 첫 개정판에 대한 만족의 표현, 그리고 그와 더불어 거듭될 분류표 개정을 사서들이 환영하지 않을 것임에 유념, 그런 파격이 반복되지 않을 것을 약속하는 것으로 이해된다. Dewey뿐만 아니라 그의 후계자들은 이 약속을 잘 지켰다. 그 결과 세분 전개, 항목의 이치, 개념의 교정, 항목명칭의 변경 등 일련의 변화가 그때그때 있었지만, 오늘날까지 달라진 것이 많지 않다. 특히 그 골격에서 주목할 만한 변화가 없었다.

그러나 이러한 과정에서도 DDC의 양적 증가는 주목을 끌고 있다. 이것은 지식과 정보자료의 급격한 증가와 전문화를 고려한다면 자연스러운 귀결일 것이다. 아무튼 판을 거듭하면서 계속 증보되어 페이지와 더불어 항목의 수효가 꾸준히 증가되어 왔다. 다만 제14판에 이르러 항목의 전개가 지나치게 상세하여 오히려 실용성이 떨어졌다는 비판이 일었고, 곧 제15판에서 분류표를 간소화하는 작업이 뒤따랐는데, 그 결과 항목의 수효가 31,434에서 4,621로 크게 축소된 일이 있었을 뿐이다. 이와 같은 골격의 유지와 양적 변화는 100류에도 그대로 반영되어 제14판에서 2,022이었던 항목수가 제15판에서는 112항목으로 대폭 줄어들었다.[29] 다른 어떤 류보다도 축소의

---

28) M. Dewey. *Decimal Classification and Relative Index.* 2nd ed. Boston. Library Bureau, 1885. p. 46.

29) J. P. Comaromi. *The Eighteen Editions of the Dewey Decimal*

정도가 심했다.

그러나 이것도 그 축소의 정도가 지나친 것이었다는 비판에 부딪혀, 다시 증보를 하여 제16판에서는 간소화 이전의 제14판의 분량을 능가하는 수준에 이르게 되었다.

4. 제16판 - 제19판

제19판이 발간된 것이 1979년의 일이었으므로, 초판이 나온 1876년으로부터 103년이 경과한 셈이다. 이 기간 동안 DDC가 원래의 체제를 고수하고, 완만한 변화를 하고 있는 동안, 철학과 심리학에서는 지식의 전문화와 급격한 진보 등 세기적 변화가 있었다. 철학은 Descartes 이후의 근세철학을 뒤로하고 현대철학의 시기에 들었으며, 심리학은 철학의 한 분야에서 독립학문으로 입지를 강화하면서 빠른 속도로 발전하여 갔다.

1800년대 중엽이후 50년은 현대철학의 태동기로 받아들여지고 있다. 이시기에 S. Kierkegaard와 F. Nietzsche가 오늘날의 實存哲學과 生哲學의 길을 열었기 때문이다.

Kierkegaard의 실존적 사상은 독일의 실존철학자 M. Heidegger, K. Jaspers 그리고 프랑스의 실존주의자 J. P. Sartre 등에 의해 계승되어, 제1차와 제2차 세계대전 사이에 유럽대륙에 풍미하였다. 프랑스의 G. Marcel, 스페인의 Ortega y Gasset, 러시아의 N. A. Berdjajew 등도 이 계열의 철학자에 속한다.[30]

Nietzsche의 生哲學은 생명의 의미, 가치, 목적을 묻는 철학으로서, G. Simmel. H. Bergson에게서 그 전성을 구가하였다. 특히 유

Classification. Albany, N. Y., Lake Placid Education Foundation, Forest Press Division, 1976. p. 396.

30) 참조: ① J. Macquarrie. *Existentialism*. Reading, Penguin Books, 1972.
　　　　② M. Warnock. *Existentialism*. London, Oxford University Press, 1970.
　　　　③ R. Olson. *Existentialism*. N. Y., Dover Publication, 1962.

럽문화가 몰락의 단계에 있다는 우려감을 표했던 철학자들이 이 철학을 크게 환영하였다.[31]

19세기 후반에 心理學主義(psychologism)[32]가 등장, 이른바 범심리학의 시대를 열었다. 심리학주의란 당시 승승장구하고 있던 심리학에 고무되어 모든 정신현상을, 심지어는 論理學까지도 심리현상 또는 심리학의 한 분야로 환원하여 설명하려 한 철학적 사조를 가리킨다.[33] 여기에서 중요한 것은 객관적 논리가 아니라 주관적인 심리적 체험이었다. 그러다가 진리의 주관주의 또는 상대주의에 빠지게 되었다. 이런 상대주의는 산업사회에서 失卿感에 빠져 있던 당시 유럽인들을 더욱 동요케 하였다. 이런 동요의 와중에서 유럽학문의 위기를 절감한 E. Husserl이 창안한 것이 바로 現象學(Phenomenology)이었다. 현상학은 심리학주의의 극복을 요구하고, "객관적" 명증적 기반위에 철학을 본질학으로 재건하려 했다.

다른 한편 실증정신에 고취되어 오스트리아의 빈(Wien)을 始原으로 영국과 미국에서 크게 세력을 떨치게 된 分析哲學 계통의 철학이 등장하였다. 이들 네 思潮들은 현대철학의 핵심으로서, 기술시대에서 소외된 인간실존의 재현, 망각된 生의 의미의 회복, 상대주의 극복을 통한 절대 立脚點의 제공, 비실증적 형이상학의 허구의 제거라는 시대적 요청을 반영하면서, 그 정도의 차이는 있으나 오늘날까지 쇠진하지 않는 힘을 떨치고 있다.[34]

심리학의 발전은 더욱 역사적인 것이었다. 19세기 후반 현대심리학이 성립된 이래 독자적인 방법과 이념을 갖고 독립학문으로 발전

---

31) 尹明老. 생철학의 사상적 전개. 현상학과 현대철학. 서울, 문학과 지성사, 1987. p. 340.
32) 심리주의라고 번역하기도 한다.
33) H. Spiegelberg. *The Phenomenological Movement*. Vol.2. Hague, Martinus Nijhoff, 1960. p. 93.
34) 참조: I. M. Bochenski. *Europaeische Philosophie der Gegenwart*. Bern, Francke Verlag, 1947.

하였다. 심리학은 이후 구성주의심리학, 기능주의심리학, 형태주의심리학, 행동주의심리학 그리고 정신분석학에 이르기까지 다수의 심리학과를 등장시켜, 심리학 고유의 영역을 확장하여 갔다.

DDC는 그런 변화에 크게 개의치 않은 듯하다. "150 Psychology"를 세분 전개한 것을 제외한다면, DDC는 그 체제에서 고전적이었다. DDC "100류"에서 금세기의 철학인 현대철학이 설 자리는 매우 협소하게 제한되어 있다. 이것은 DDC "100류"의 시대 적응력을 크게 떨어뜨리고 있는 요인 가운데 하나이다. 제19판을 예로 들자면, 現象學은 142.7에 "Phenomenalism"과 같이 배정되어 있고, 실존철학은 "Existentialism"이란 이름으로 그 아래, 그러니까 142.78에 배정되어 있을 뿐이다. 영국과 미국의 분석철학계통의 철학도 다를 바가 없다. 생철학도 그 성격을 명시하지 않은 채 113.8에 "Philosophy of life"의 명칭으로 그 항목을 배정하였으며, 143에 "Bergsonism"이 "Intuitionism"과 더불어 항목으로 주어져 있는 것이 고작이다.

"190 Modern Western Philosophy"에 이들 철학을 다룰 여지를 두고 있으나 이 또한 다음 두 가지 점에서 부적절하다.

① DDC는 근·현대 구분 없이 Modern philosophy 아래 근세 이래의 철학을 모두 포함시켰다. 그 결과 현대철학의 비중은 반감되기에 이르렀다. 또 현대철학의 독립성이 고려되지 않았다.

② 지역구분을 기준으로 하고 있는 데, 교류가 어느 때보다 빈번해진, 그리하여 초국가적 潮流들을 형성한 이들 현대철학을 통일적으로 다루기 힘들게 만들었다.

거기에다가 상당수의 분류오류를 답습해 오기도 했으며 새로운 전개나 개정과정에서 또 다른 분류오류를 범하기도 하였다. 그 예들은 DDC 제20판을 다루는 기회에 제시하게 될 것이다. 상당수의 분류오류가 여전히 있고, 골격과 그 내용에서 큰 변화가 없었다고 했으나 제19판에, 그리고 나아가서 제20판에 이르기까지 항목의 명칭을 합리적으로 고치고 구분력을 높여 국제 적응력을 강화하는 등의 노

력이 있어 그 개정의 정당성을 입증하고 있기도 하다. 변화가 어느
때보다 많았던 제16판 이후 제19판에 이르기까지 주요 변천사항을
살펴보면 다음과 같다.

a. 綱 120과 130의 명칭변경을 통하여 綱名의 현실화를 꾀하였다.

1) 綱 120의 명칭변경과 그 의미

<표 2-11> DDC 120의 명칭변경 (제16판-제19판)

제16판	120	Other metaphysical theories
제17판	120	Knowledge, cause, purpose, man
제18판	120	Knowledge, cause, purpose, man
제19판	120	Epistemology, causation, humankind

점증하는 중요성에도 불구하고 DDC "100류"에서 가장 취약한 부
분은 인식론(Epistemology)이다. 인식론은 예로부터 형이상학, 윤리
학 등과 더불어 철학에서 가장 중요한 분야의 하나로 간수되어 왔
다. Platon이래 지식구분은 이 점을 잘 반영하여 왔다.[35] 그리고 우
리나라 대학의 대부분의 철학과에서 인식론을 전공필수로 하고 있는
것도 바로 인식론이 갖고 있는 비중 때문이다.[36] 그런데 DDC 제16
판에서 제19판, 제20판에 이르기까지 인식론은 121, 즉 目에 배정되
어 있을 뿐이다.

그러다가 <표 2-11>에서 알 수 있듯이 제17판에서 처음으로 綱名에
"Knowledge"가 등장하였고, 그것은 제19판에서 전문 학술용어인
"Epistemology"로 바뀌었다. 명칭만을 두고 본다면 괄목할만한 개선

---

35) 朴玉花. 지식분류의 역사적 고찰. 충남대학교 사회과학연구소논문집. 제3권.
   (1992) p. 7.
36) 예: 고려대학교 요람(1992-93), 동국대학교 요람(1992-93), 서강대학교 요람
   (1992-93), 서울대학교 요람(1990-91), 중앙대학교 요람(1993-94) 등 참조.

이었다. "인식론"을 독립綱名에 반영함으로써, DDC 제19판은 형이상학, 인식론, 윤리학, 논리학을 두루 포함시켜 균형을 도모하였기 때문이다. 그러나 정작 인식론 관계항목은 여전히 "121 Epistemology"에 불과하여 인식론에 대한 비중이 제한적인 것이었음을 알 수 있다. 즉 명칭변경에 걸맞은 변화가 없었다. 제16판과 제19판에서 綱 120의 전개를 보면 <표 2-12>와 같다.

<표 2-12> DDC 120의 전개 (제16판과 제19판)

<제16판>		<제19판>	
120	Other metaphysical theories	120	Epistemology, causation, humankind
121	Epistemology	121	Epistemology(Theory of knowledge)
122	Cause and effect	122	Causation
123	Freedom and necessity	123	Determinism and indeterminism
124	Teleology	124	Teleology
125	Finite and infinite	125	Finite and infinite
126	Consciousness and personality	126	The self
127	The unconscious and the subconscious	127	The unconscious and the subconscious
128	The soul	128	Humankind
129	Origin and destiny of the soul	129	Origin and destiny of individual souls

인식론은 지식의 이론으로서, 앎의 기원에 따라서 경험론(empiricism), 합리론(rationalism), 비판론(criticism) 앎의 본질에 따라서 실재론(realism). 관념론(idealism), 理體論으로 나누어진다.[37] 특히 19세기와 20세기 초에 인식론의 많은 방향이 등장했는데, 경험론, 경험비판론, 관념론, 환상주의, 관습주의, 비판론, 현상론, 실증주의, 감각론, 실용주의, 실재론, 회의론 등이 그것이다.[38]

---

37) 安浩相. 인식론. 世界哲學大事典. 서울, 교육출판공사. 1980. p. 910.
38) *Philosophisches Woerterbuch*. Stuttgart. Alfred Kroener Verlag. 1969. p. 147.

  그런데 이들 방향들은 121에 거의 반영되어 있지 않고, 제19판을 보면 이들 가운데 일부가 오히려 140 밑에 배정되어 있음을 확인할 수 있다. "141 ldealism and related systems and doctrines", "142 Critical philosophy", "144.3 Progmatism", "146.4 Positivism(Comtism) and related systems", "149.7 Rationalism and related systems and doctrines" 등이 그 예들이다.

  제19판 120의 綱名 가운데 "Causation"을 살펴보자. 이것은 "122 Causation"과 "123 Determinism and indeterminism"을 묶고 있으며 "124 Teleology"와 더불어 다루어지고 있는 개념으로서, 이들 모두는 "[125] Finite and infinite"와 함께 형이상학적 주제들이다.[39] 앞에 소개한 140아래 산재해 있는 항목들이 綱 120으로 이치 되어야 할 것들이라면, 이들 120에 포함되어 있는 항목들은 마땅히 綱 110으로 이지되어야 할 것들이다.

  "Humankind"의 경우는 어떠한가? 우선 눈에 띠는 변화를 이 부분에서 확인할 수가 있다. 128의 세분 전개가 그것인데 이들을 비교하면 <표 2-13>과 같다.

<표 2-13> DDC 128의 전개 (제16판과 제19판)

<제16판>	<제19판>
128 The soul	128 Humankind
.3 Nature of man	.1 Soul
.5 Nature of life and death	.2 Mind
	.3 Attributes and faculties
	.4 Human action and experience
	.5 Life and death

  "The soul"이라 했을 때 그것은 형이상학적 문제이다. 그리고 제16판에서 "soul"을 인간의 본성(nature of man), 生死의 본성(nature

---

39) J. Hessen. *Lehrbuch der Philosophie*. Vol.3. Muenchen, Ernst Reinhardt Verlag. 1950. p. 119, p. 142.

of life and death)에 대해 上位에 배정한 것은 인간을 우선해서 靈的 존재로 파악해 온 기독교적 전통에 따른 것으로 보인다. 형이상학에는 "인간의 형이상학"이라는 분야가 있고, 영혼과 신체들을 테마로 하고 있다.40) 철학적 인간학도 이 형이상학에 속한다. 철학적 인간학을 독자분야로 인정하고 있는 경우도 있다.41) 이 때 그것은 생물학적 인간학과 구별된다. 이 점을 고려하면, 순수형이상학적 개념인 "The soul"에서 目의 명칭을 "Humankind"로 바꾼 것은 적절한 개선으로 판단된다.

전체적으로 볼 때 綱 120은 이렇듯이 아직도 불안정하게 구성되어 있다. 내용은 형이상학적 또는 인간학적인 것이면서 綱의 명칭에 인식론을 부각시켜 개선의 실효를 거두지 못했고, 항목배정의 잘못으로 이치 시켜야 할 것을 다수 내포하고 있어 불균형 정도가 매우 심한 편이다. 이것은 제19판은 물론, 제20판에 이르기까지 해결하지 못한 것으로 남아 있다. 이렇듯 DDC는 항목배정과 명칭 등에서 꾸준히 개선과 현실화를 꾀하여 왔지만 그 성과는 미미하였다.

2) 綱 130의 명칭변경과 그 의미

綱 130의 명칭변경은 다음 <표 2-14>와 같다.

<표 2-14> DDC 130의 명칭변경 (제16판-제19판)

제16판	130	Branches of psychology and pseudopsychology
제17판	130	Pseudopsychology, parapsychology, occultism
제18판	130	Popular psychology, parapsychology, occultism
제19판	130	Paranormal phenomena and arts

---

40) *Ibid.*, p. 189.
41) 최근에 철학적 인간학이란 이름으로 많은 연구서들이 발간되고 있다.
   예: G. Haeffner. *Philosophische Anthropologie.* Stuttgart, Verlag W. Kohlhammer, 1982.

초판에서   130의   綱名은   "Anthropology"이었다.   제14판에서는 "Physiologic, abnormal and differential psychology Metapsicology" 였으며, 제15판에서는 "Fields of psychology"였다. 綱 130은 단일한 학문체계로 정립되어 있는 독립 분야가 아닌데다, 그것이 철학과 심리 학에 대해 갖고 있는 관계가 분명하지가 않아 초판에서부터 쟁점이 되 어 온 부분이다. 이전의 판도 그랬지만, 우선 제16판에서 제19판에 이 르기까지 판이 개정될 때 마다 綱名을 달리해 온 것에서 이를 볼 수 있 다. 그러나 이들 綱名변경이 그 내용의 변경에 따른 것이라기보다는 綱의 성격규정을 그때마다 달리해야 할 필요성에서 비롯하여 된 것으 로 이해된다. 綱名의 변경이 돌출적으로 이루어지지 않고, 일정한 흐름 또는 방향을 띠고 있는 것에서 이를 확인할 수 있다.

우선 그 방향을 綱名을 통해 확인할 수 있다. 제2판을 예외로 하고, 초판부터 제13판에 이르기까지 "Anthropology"가 綱名의 근간을 이 루어 왔다. 그러다가 Psychology가 중요한 개념으로 대두되기 시작하 였다. 즉 제15판과 제16판에 "Psychology"가 등장하였고 이후의 판 에서도 그것은 여러 변형으로 綱名에 자리하게 되었다. 즉 제16판과 제17판에는 "Pseudopsychology"가, 제17판과 제18판에는 "Parap-sychology"가 綱名에 들어 있다. 제18판에는 "popular psychology"도 있다. 그러다가 "-psychology"가 綱名에서 제의된 것은 제19판 이후 인데, 제19판의 綱名은 포괄성을 띤 것으로서 이전의 명칭들을 "Paranormal phenomena"로 통일시키고 있다.

이 변화는 "심리학"이란 개념이 확정되지 않았던 점과, 綱 130에 포함되어 있는 항목들이 심리학 또는 그와 유사한 것으로 간주된 역 사를 반영하고 있다. 그러다가 심리학이 엄밀한 학문으로 정착하게 되면서 綱 150에 대해 갖고 있는 綱 130의 관계가 문제시 된 것으 로 보인다. 제15판을 보면 綱 130은 "Fields of psychology", 150은 "Psychology"로 되어 있다. 명칭에 미루어 볼 때, 綱 150은 상위개 념으로, 綱 130은 거기에 포섭되는 하위개념으로 이해된다. 그러나 그 내용을 살펴보면 이들은 엄격히 구별되어야 할 것들이다. 이에 학문의 요건을 갖추고 있는 심리학이 paranormal phenomena로부터 구별되어야 할 요청이 있었던 것으로 해석된다. 여기에서 제16판부터 조금씩 차별화되어 제19판에 이르러 비로소 이들이 독자적인 綱의 명칭을 갖게 되었다. 이것 또한 綱名과 그 내용관계를 고려한 현실적 개선의 한 예가 될 것이다.

b. 세분 전개를 통해 전문화되고 있는 지식정보를 확대 수용하였었다.

"121 Epistemology(Theory of knowledge)"를 예로 보면 다음의 <표 2-15>와 같이 공기호를 줄이고 세목 2자리까지 세분 전개를 하고 있다.

<표 2-15> DDC 121의 전개 (제16판과 제19판)

<제16판>		<제19판>	
121	Epistemology	121	Epistemology(Theory of Knowledge)
.5	Doubt and denial	.2	Possibility and limits of Knowledge
.6	Belief and certitude	.3	Origin, sources, means of Knowledge
.7	Faith	.4	Structure of Knowledge
.8	Worth and theory of values	.5	Doubt and denial
		.6	Nature of inquiry
		.63	Certainty and probability
		.65	Evidence and criteria
		.68	Meaning, interpretation, hermeneutics
		.7	Faith
		.8	Worth and theory of values(Axiology)

이것은 DDC가 지식의 전문화에 부응하기 위해 추진해 온 작업의 방향에 일치한다. 이 부분에서 DDC는 십진분류법의 장점을 살려, 아무리 정보의 양이 증대하고, 전문화된다고 하더라도 무한한 전개

를 통해 거기에 대처할 수 있는 대응력이 있음을 시사하고 있다.

c. 非서양철학을 세분 전개하여 국제 적응력을 높여 왔다.

철학적 주제와 관심의 보편성에 미루어 보아, 초판 이후의 綱 100, 110, 140, 160, 170 그리고 제2판에서 추가된 綱 120 등은 동양철학과 서양철학 모두에게 개방되어야 할 성질의 것들이었다. 그러나 그 전개방식, 그 사용개념등을 보면 철저하게 서양철학, 그것도 미국적 그리고 기독교적 관점에서 이해된 서양철학 일변도이다. 이런 구미 중심적 전개는 대체로 제20판에 이르기까지 유지되고 있다, 다만 동양철학 등 비서양철학을 제도적으로 고려하도록 되어 있는 부분이 있는데, 초판의 경우 "180 Ancient Philosophies"중 "181 Oriental"이 그것이었다. 綱 190도 초판에서는 그 명칭이 "Modern Philosophies"여서 명칭 상 융통성을 갖고 있는 것으로 보였다. 그러나 그 이후의 전개를 보면 서양철학중심으로 전개되었고, 제16판에 와서는 아예 명실상부하게 명칭이 "Modern Western philosophy"로 바뀌어 비서양철학을 반영할 수 있는 최소한의 여지마저 봉쇄해 버렸다. 비서양철학에 대한 이와 같은 홀대는 DDC 창안과 변천의 역사에 미루어 볼 때 크게 문제 삼을 이유가 없다. 그러나 DDC가 세계 여러 나라의 도서관에서 채택되고, 문헌자료의 국제적 교류의 증대, 세계철학을 향한 철학 내부에서의 지향이 현안으로 대두되면서 상황이 달라졌다.

이런 상황의 변화를 DDC도 전적으로 외면할 수 없었던 것으로 보인다. 제한된 틀 속에서이기는 하지만 철학의 국제화 추세에 적용해 온데서 이를 확인할 수 있다. 즉, DDC는 181을 중심으로 세분 전개를 통해 구분력을 높이고, 항목 간의 균형을 꾀하여 온 것이다. 181.1의 변천과정을 보면 <표 2-16>과 같다.

<표 2-6> DDC 181.1의 변천 (제15판-제19판. 제18판 제외)42)

<제15판>	<제16판>
181.1 Chinese Philosophy	181.1 Far Eastern philosophy
	.11 Chinese philosophy
	.12 Japanese philosophy
	.16 Indonesian philosophy
	.17 Philippine philosophy
	.19 Southeast Asian philosophy
<제17판>	<제19판>
18.1 Far East and South Asia	181.1 Far East and South Asia
.11 China and Korea	.11 China and Korea
.12 Japan	.12 Japan
.15 Pakistan	.15 Pakistan and Bangladesh
.16 Indonesia	.16 Indonesia
.17 Philippines	.17 Philippines
.19 Southeast Asia	.19 Southeast Asia

제14판의 181.1은 "Chinese: Confucius, Mencius"였다. 이것은 이 시점에 이르기까지 DDC 편찬자들이 중국철학을 孔·孟 思想을 중심으로 이해하고 있었다는 것을 가리킨다. 중국철학을 충분히 이해하지 못한 예의 하나일 것이다,.그러다가 제15판에서 이들 이름을 삭제하고, "Chinese philosophy"로 명칭을 바꿈으로써 老·莊哲學은 물론 다른 流派의 철학을 다를 수 있게 하였다. 그러나 동아시아 철학을 중국철학에 한정하고 있는 한계는 벗지 못했다.

제16판에서는 세목을 더 전개, 세목 2자리까지 전개하였으며 명칭도 "Chinese philosophy"에서 "Far Eastern philosophy"로 바꿈으로써 처음으로 중국 이외의 동북아시아와 동남아시아 지역의 철학까지를 광범위하게 취급할 수 있도록 그 영역을 확대하였다. 우선 目의 명칭 개선이 주목할 만하다. 초판과 제2판에서는 각각 "181 Oriental" 또는 "181 Oriental Philosophers"로 되어 있었다. Oriental은 Occidental의 對개념으로서 일종의 문화사적 개념이다. 이것은 유럽인들이 서양문화를

42) 제18판의 전개는 제17판과 동일하므로 제외.

중심으로 비유럽적인 동방세계를 이해했을 때 지칭한 명칭이었을 뿐 엄밀한 지역구분과 일치하지 않는다.

"Far East(극동)"이란 표현 역시 문화사적 개념으로서 문제가 있다. 극동은 유럽에서 가장 먼 동쪽이라는 뜻인데, 미국에서 보았을 때는 그렇지 않다. 최단거리로 할 때 最近西가 될 것이다. 그런데도 그것을 극동으로 부르는 것은 그것이 문화사적으로 정착된 이유도 있겠지만, 미국인의 유럽대륙중시, 시간의 경과를 동쪽으로 계산해 가는 방식 때문인 것으로 보인다. "극동"보다는 "동아시아"라는 표현이 적절할 것이다. 그렇기는 하지만 "Far East"는 유럽대륙 동쪽을 "Oriental"로 통칭한 것에 비교한다면 지역개념의 명료화라는 차원에서 개선이라 할 수 있다.

다른 한편, 세목 구분에서 눈에 띠는 것은 오랜 철학적 전통을 갖고 있는 동아시아를 다루면서 4개의 공기호를 남겨 둘 만큼 이 지역 철학에 대한 고르지 못한 이해를 보이고 있는 점이다. 즉 세계철학사에서 그 위치를 분명히 하고 있는 한국과, 역시 오랜 전통을 지니고 있는 Thailand가 빠져 있는 반면, Indonesia와 Philippines이 들어 있는 점이다. 한국의 경우, 실제 한국철학의 비중이 상대적이기는 하지만 국제적으로 인정되고 있는 터이다. 이를테면 Kroener판 철학사전은 한국철학을 중국철학 및 일본철학과 더불어 독립된 항목으로 상세하게 소개하고 있다.[43] 반면 Philippines, Indonesia에는 항목을 배정하지 않고 있다. 이처럼 제16판 181의 전개는 동아시아 철학에 대한 깊이 있는 이해를 바탕으로 하지 않은 상태에서 지역구분이라는, 그것도 임의의 기준에 의거하고 있는데 그치고 있다.

제17판에서는 세목의 명칭을 "Far East and South Asia"로 바꾸었다. 제16판에서 공기호로 남겨 두었던 181.15에 "Pakistan"을 배정한 후 명칭의 변경이 불가피했던 것으로 해석된다. 이와 더불어 역시

---

43) *Philosophisches Woerterbuch.* Stuttgart, Alfred Kroener Verlag, 1969. p. 334.

"181.19 Southeasts Asian philosophy"를 "181.1 Far Eastern philosophy"아래 배정함으로써 생겨난 혼란을 제거하였다. 그러면서 항목증가로 그 영역이 거의 全 아시아로 확대되었다. 특기할 것은 처음으로 한국철학이 "181.11 China and Korea"에 반영된 사실이다.

제18판에서는 처음으로 자국우위권(local emphasis)에 따라 고쳐 쓰도록 권장하는 선택조항(optional provision)을 제시하고 있을 뿐 변경된 것이 없다. 그러다가 제19판에서 181.15에 Bangladesh가 추가되어 "Pakistan and Bangladesh"로 바뀌었다. 그러나 이미 제17판부터 Pakistan을 공기호이던 181.15에 배정함으로써 동아시아, 동남아시아, 남아시아로 이어지는 자연스러운 흐름을 깨고 있다. 즉 지역적 인접관계를 고려하지 않아 결국 "181.12 Japan"에서 "181.15 Pakistan"을 거쳐 다시 일본 방향으로 되돌아와 "181.16 Indonesia", "181.17 Philippines"으로 진행하게 되어 있다. 이것은 Bangladesh가 독립한 후 India 서쪽에만 존재하게 된 Pakistan의 경우 더욱 부자연스러운 순서가 된다. 거기에다가 인도로 통합되어 있던 Pakistan과 Bangladesh를 "181.4 India"와 함께 배정하지 않고 181아래 181.15에 둔 것에도 문제가 있다.

d. 綱 190에서 특정 철학자 중심의 고정 항목을 해체, 개방하여 적응력을 높였다.

綱 190은 초판의 "190 Modern Philosophies"를 제2판에서 특정 철학자별로 전개한 일이 있다. 193을 예로 보면 <표 2-17>과 같다.

<표 2-17> DDC 193의 전개 (초판과 제2판)

<초판>	<제2판>
193 German	193 German Philosophers
	.1 Leibnitz. 1646-1716
	.2 Kant. 1724-1804
	.3 Fichte. 1762-1814
	.4 Schelling. 1775-1854
	.5 Hegel. 1770-1831
	.6 Schleiermacher 1768-1834
	.7 Schopenhauer1788-1860
	.8 Lotze 1817-1882
	.9 Other German Philosophical Writers

제2판의 항목들은 이후 제14판까지 그대로 유지되었다. 즉 제2판이 간행된 1885년부터 제14판이 간행된 1942년까지 57년 동안 변화가 없었던 것이다. 그런데 綱 190은 180과 마찬가지로 시대구분에 의해 전개된 것으로서 시간의 흐름을 반영하지 않을 수 없는 綱이다. 180 Ancient Philosophers의 경우, 이미 철학사적으로 어느 정도 체계화가 완결된 고·중세 철학을 포함하고 있어 크게 문제될 것이 없다. 그러나 근세 이후 DDC 편찬자들의 동시대 철학자를 다루는 190의 경우는 다르다. 綱 190의 세목으로 배정된 철학자 가운데는 Dewey 생존시 활약했던 철학자도 적지 않다. 예를 들면 191.8 William T. Harris (1835-), 192.8 Spencer (1820-), 193.8 Lotze (1817-1882) 등이 그들인데, 이들은 그 당시 아직 철학사적 평가를 받지 않은 상태에 있었으므로 그 자리 매김이 시기상조였던 철학자들이었다. 그런데도 거의 60년간 이들을 고정적으로 배치함으로써, 새롭게 등장하고 도태하기도하는 철학자들의 浮沈현실을 융통성 있게 적용할 수 있는 길을 막게 되었다. 뿐만 아니라 이처럼 항목을 고정 배치했을 경우, 기타 철학자들을 위한 하나의 항목 만으로서는 20세기 철학자들을 수용하기 어려운 결과를 초래하게 된다.

거기에다 미국, 영국, 독일, 프랑스에 각각 8명씩의 철학자를 배정, 형식적 요건을 갖추는데 급급했던 듯하다. 그러다가 제15판에서 항목을 축소하면서 인명으로 된 세목을 생략하고 국가별로 항목을 배정, 달라지는 시대적 상황에 자유롭게 적응할 수 있는 길을 텄다. 이것은 제15판에서 있었던 개선이지만 그 개선이 정착, 가시화되고 현실화된 것은 이후 최근판에 이르러서 있었던 일이다.

5. 제20판

1989년에 DDC 제20판이 출간되었다. 제19판이 간행된 1979년으로부터 10년이 지난 후의 일로서, 그간 평균 7년 주기의 개정이 이번에는 지켜지지 않은 셈이다. 1982년에 출간된 매뉴얼을 축소하고, 조정하여 추가하는 일 등에서 많은 시간이 소요되었기 때문이다.

제20판이 DDC 역사에서 어떤 특정한 위치에 있는 것은 아니다. 그것은 초판의 골격을 그대로 유지한 채 거듭된 개정의 최신판으로서 그 골격과 개정방향의 연장에서 논의될 성질의 것이기 때문이다. 그러면서도 제19판에 비해 다른 변모를 보이고 있는 것이 제20판이기도 하다.

구성의 관점에서 본다면, 綱의 전개에 있어서는 달라진 것이 없다. 그러나 이전의 판들과 비교해 볼 때 세분 전개를 통한 항목의 증가는 눈에 띌 만큼 현저하다. 특히 "150 Psychology"에서 두드러진다. 그동안 심리학은 철학으로부터 독립이후 빠른 속도로 전문화되어 왔으며, 지식 정보의 양도 급격히 증가하였다. 그러나 이런 발전 추세에 맞추어, "100류"에서 綱의 재배치가 이루어지지 않았기 때문에 綱 150의 경우 해당 분야의 증가한 지식을 모두 수용할 수 있기 위해 극단적인 세분 전개가 불가피해졌다. 즉 세목 7자리까지 전개할 수밖에 없는 항목도 있다. 그 결과 綱 150의 페이지 수는 "100류" 내의 다른 綱 전부를 합친 것에 못잖은 양에 이르고 있어 綱 사이의 심한 불균형을 초래하고 있다.

제20판에서도 지금까지 확인한 방향에 따라 綱의 명칭을 포함해서 항목의 명칭을 합리적으로 개정하였다. 제19판과 제20판의 경우를 대비해 보면 <표 2-18>과 같다.

<표 2-18> DDC 100류의 변경된 綱名(제19판과 제20판)

<제19판>		<제20판>	
100	Philosophy and related disciplines	100	Philosophy, parapsychology and occultism, psychology
130	Paranormal phenomena and arts	130	Paranormal phenomena
140	Specific philosophical viewpoints	140	Specific philosophical schools and viewpoints

그런가 하면 세분 전개를 통해 구분력을 높였다. 그리고 비서양철학의 세분 전개를 통해 국제 적응력을 강화하여 갔다. 181.1을 예로 보면 다음 <표 2-19>와 같다.

<표 2-19> DDC 181.1의 변천 (제19판과 제20판)

<제19판>		<제20판>	
181.1	Far East and South Asia	181.1	Far East and South Asia
.11	China and Korea	.11	China and Korea
.12	Japan	.112	Confucian and Neo-Confucian Philosophy
.15	Pakistan and Bangladesh	.114	Taoist philosophy
.16	Indonesia	.115	Mohist, Dialecticianist, Legalist philosophies
.17	Philippines	.119	Korea
.19	Southeast Asia	.12	Japan
		.15	Pakistan and Bangladesh
		.16	Indonesia
		.17	Philippines
		.19	Southeast Asia

제20판에서는 한층 더 정밀하게, 즉 세목 3자리까지 전개되었다.

즉 "181.11 China and Korea"에서 China를 철학 유파별로 전개, 중국 고전철학의 대부분을 포괄하는 등, 이 분야에서 진일보한 이해를 보이고 있다. 그리고 처음으로 "Korea"가 181.119에 독립 항목으로 배정되어 있다.

주목할 것은 한국철학이 여전히 중국철학과의 관계 속에서 취급되고 있는 점이다. 제20판의 지역, 시대, 인물구분표(Geographic areas, Historical periods, Persons)에 따르면 "-51"은 "China and adjacent area"로 되어 있고 그 아래 "-519 Korea"가 포함되어 있다. 이미 기준이 이렇게 뚜렷이 명시되어 있기 때문에 181.1의 전개를 문제삼을 이유는 없을 것이다. 그러나 그 기준이 합당한가는 논의되어야 할 것이다. 이것은 근본적으로는 지역구분의 문제라고 하겠지만 우리는 철학이나 종교의 구분이 늘 지역구분과 일치하는 것이 아니라는 점에 유념해야 할 것이다.

한국철학에 대한 서양학자들의 이해는 그리 높은 편이 아니다. 앞에서 한국철학의 비중이 국제적으로 어느 정도 인정되고 있다고 했는데, 그런 인정이 일반화되어 있는 것은 물론 아니다. 아직도 한국철학을 중국철학의 한 부분이나 亞流로 보는 경향이 있는데, 이 경우 중국철학이 우리나라에 소개되기 이전까지 거슬러 올라가는 한국사상의 연구 즉 "한"의 철학에 대한 연구가 활발하고, 중국 것이 아닌 불교 등을 수용하여 풍요로운 한국철학으로 발전시킨 전통이 간과되고 있다. 그런가 하면 한국문명을 일본의 것과 동일한 것으로 보는 학자도 있는데, A. Toynbee가 그 예이다. 이런 동일시는 극동지역의 문화와 역사에 밝은 학자들에 의해 비판되었다. C. Dawson이 그러한 비판가 가운데 한 사람이다. 그는 왜 Toynbee가 한국문명을 일본의 그것과 동일한 것으로 보고 있는지 그 까닭을 알 수 없다고 하였다.44)

---

44) C. Dawson. Toynbees Study of History. In:ed. by E. Schulin. *Universalgeschichte*. Koeln, Kiepenhauer & Witsch, 1974. p. 137.

중국철학의 경우도 고전철학 위주로 전개되어 있을 뿐, 현대철학 관계 항목은 전혀 없다. 중국철학에서 孔子 이전의 시기에서 新儒學에 이르기까지의 철학이 갖고 있는 의미는 매우 크다. 그러나 중국철학은 이 시기에만 국한되지 않고 20세기 후반에까지 이어지는 면면한 역사를 갖고 있다. 서양사상의도전과 이에 대한 중국철학의 응전도 중국철학 발전에 있어서 중요한 뜻을 갖고 있다.45) DDC는 이러한 요소를 간과함으로써, 분류표의 국제적 통용성을 제한하고 있다.

DDC 제20판을 중심으로 볼 때, 특징적인 것의 하나는 "170 Ethics(Moral Philosophy)"가 응용윤리학(applied ethics-social ethics)을 중심으로 전개되고 있는 점이다. 윤리학 자체가 실천적이며 실제적 학문이라는 점에서 응용윤리 부분이 강조된 것은 바람직한 일일 것이다. 특히 "172 Political ethics", "174 Economic, professional, occupational ethics", "177 Ethics of social relations" 등은 점차 그 중요성을 더해 온 분야들이다.

DDC. 제20판에는 이전의 판들과 마찬가지로 적지 않은 분류상의 문제점들을 내포하고 있다. 논자는 앞서서 DDC의 변천과정을 개괄하면서 변천 방향과 개선점을 역점적으로 다루었다. 그동안 제16판부터 제20판에 이르기까지 많은 분류오류가 있었으나 그것들을 하나하나 거론하지는 않았다. 개정을 반복해온 터에 지난 것 가운데 어떤 특정 판의 분류상의 문제점들을 다루는 것이 큰 의미가 없을 것으로 판단되었기 때문이다. 그러나 최신판인 제20판의 분류오류 등은 그것이 오늘날의 현안이자 향후 제21판의 기초가 되고 있기 때문에 검토와 비판의 대상이 되지 않을 수가 없다.

전체적으로 본다면 초판과 제2판에서 드러난 분류상의 문제점들,

---

45) H. G. Creel. *Chinese Thought; from Confucius to Mao Tsu-tung. Chicago*, University of Chicago Press, 1953. p. 235. 副題인 from Confucius to Mao Tsu-tung이 시사하듯이 H. G. Creel은 이 저서에서 현대중국사상에 이르기까지 전 중국의 철학적 전통을 논의의 대상에 포함시키고 있다. 특히 XXII "The Influence of the West"로 되어 있다.

이를테면 자의적 항목선정과 거기에서 비롯하여 되는 항목배정의 편중, 불균형, 전개상의 오류, 개념사용에서의 미숙 등은 DDC가 오늘날까지 안고 있는 문제들로서, 제20판에서의 문제점들도 대체로이 테두리 속에서 논의될 성질의 것들이다. 그 문제점들을 몇몇 예를 통해 보기로 한다.

a. 項目들의 配列順序의 問題

"111 Ontology"가 그 예의 하나로서, 이 항목에서는 피구분지 모두가 망라되지 않았을 뿐만 아니라, 설정된 항목의 배열순서에 일관성 있는 논리가 없다. 전통적으로 존재론은 형식적 존재론과 실질적 존재론으로 나누어지는데, 전자에서는 존재계기, 존재방식 또는 형식, 존재양상이 그리고 후자에서는 존재의 계층 이를테면 물질, 생명, 정신, 절대자 등이 다루어진다.[46)

그리고 형식적 존재론의 경우 존재계기에서는 본질(essence)과 현존(existence) 등이, 존재방식 또는 형식에서는 보편(universals)과 특수(particular), 유한(finite)과 무한(infinite) 등이 문제된다. 그리고 존재양상에서는 존재가 가능적인가, 현실적인가 또는 필연적인가를 쟁점으로 한다.[47)

그런데 DDC 제20판이 반영하고 있는 것은 이들 가운데서 존재계기(111.1중 "existence"와 "essence"), 존재방식 또는 형식("111.2 Universals"; "111.6 Finite and infinite") 등이다. "111.5 Nonbeing, nothingness"는 對개념인 "Being"과의 관계가 고려되지 않은 채 실정되어, 돌출적인데다 형식존재론의 흐름을 깨고 있다. 존재방식 또는 형식에 속해 있는 두 항목 즉 "111.2"와 "111.6"의 중간에 실정되어

---

46) 蘇光熙. 存在의 問題. 서울대학교 교양교재편찬위원회 철학분과위원회 편. 哲學槪論. 서울, 서울대학교 출판부, 1984. pp. 259-318.
47) Ibid,, p. 294.

있기 때문이다. "111.8 Classical properties of being"도 "being"에 대
한 논의가 없는 상태여서 부자연스럽다. 이렇듯이 DDC는 일부 존재
론적 주제를 선택, 선후의 유기적 관계없이 항목들을 나열하는데 그
치고 있다.

존재론은 철학에서도 매우 난해한 분야에 속한다. 일반화되어 있
지 않은 개념을 사용하여 지나치게 세분 전개하는 것은 일반이용자
에게 오히려 혼란을 야기할 수 있을 것이다. 따라서 형식적 존재론
과 실질적 존재론을 세목으로 전개하는 정도가 더 합리적이라는 판
단이다. 만약 그 이하의 전개를 꾀할 경우라면, 전 구분지를 모두
망라한 후 유기적 관계를 고려하여 그 순서를 정해야 할 것이다.

b. 유파간의 관계 선정의 문제

DDC 제20판은 실존철학을 다루는 곳에서 매우 미묘한 오류를 범
하고 있다. 우선 그 전개를 살펴보면 다음 <표 2-20>과 같다.

<표 2-20> DDC 142의 전개(제20판)

```
142   Critical philosophy
  .3    Kantianism and n대-Kantianism
  .7    Phenomenalism and phenomenology
  .78   Existentialism
```

kant의 철학은 비판철학(critical philosophy)이다. 그의 후계자들의
철학도 이 범주에 속한다. 그리고 이들의 철학은 무엇보다도 인식론
적인 것들이다. 따라서 目142와 細目 142.3의 관계 설정은 옳다. 그
러면 "142.7" 가운데 현상론이란 무엇인가? 그것은 현상 외에는 아
무것도 알 수 없다는 주장이다. 이 현상론은 Kant의 비판철학의 넓
은 테두리 속에서 다루어진다. 그리고 그것은 Husserl의 현상학

(phenomenology)과 무관하지 않다.48) 이렇게 본다면 부분적으로 비약이 없는 것은 아니지만 세목 "142.7"까지의 전개도 납득할만한 것이나, 문제는 실존주의(existentialism)와의 관계이다.

Sartrc는 그의 *L'existentialisme est un humanisme*(「실존주의는 휴머니즘이다」)에서, 논란의 여지가 전혀 없는 것은 아니지만, 실존주의에 대한 이해의 길잡이가 될 실존주의자의 계보를 다음 <표 2-21>과 같이 소개한 바가 있다.49)

<표 2-21> Sartre의 실존주의자 계보

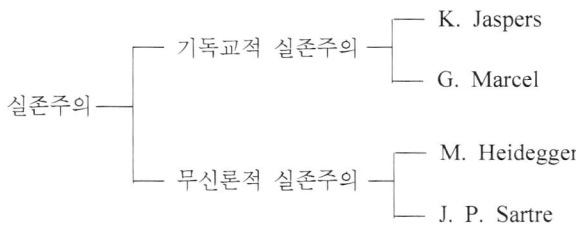

이들 대표적 철학자 가운데서 Heidegger와 Sartre는 현상학을 창안한 Husserl의 방법론을 받아들여 자신들의 사상을 폈다. 이것이 실존주의나 철학을 현상학과의 관계에서 볼 수 있는 근거이다. 그러나 Jaspers나 Marcel은 그런 관점에서 제대로 파악되지 않으며 더 많은 실존철학자들이 독자적인 길을 갔다. 더더구나 그 내용에서 현상학과 실존철학은, 경우에 따라서는 상반될 만큼 다르다. 현상학은 본질을 다루는 본질학인데 반하여, 실존철학은 실존이 본질에 앞선다고 함으로써 실존을 본질에 선행시키고 있는 철학이기 때문이다. 그런가하면 실존철학은 "Critical philosophy"와 같이 인식론적 철학이 아니다. 따라서 "Kantianism" "Existentialism"에 이르는 단계에서 가까스로 접합점 또는

---

48) 안전숙. 現象學의 理解. 서울, 민음사, 1984. p. 89.
49) J. P. Sartre, *L'existentialisme est un humanisme*. Paris, Nagel, 1968. p. 17.

연결고리를 확인할 수 있기는 하지만, 전체적으로는 무리한 구성이다. 최선의 전개는 "Kantianism and neokantianism", "Phenomenalism and phenomenology", "Existentialism"을 同位의 항목으로, 즉 포섭관계가 아니라 對等관계로 배정하는 것이다.

실존철학(【英】 existential philosophy; 【獨】 Existenzphilosophie)과 실존주의(Existentialism)를 구분하지 않은데도 비판의 여지가 있다. 철학자들은 이 둘을 구분한다. 1930년대 이후 Heidegger와 Jaspers등에 의해 독일에서 등장한 것이 실존철학이고, 실존주의는 실존철학이 1940년대 프랑스에 전달되면서 생겨난, 즉 실존철학의 변형이다. 실존철학이 엄격한 철학인데 반하여 실존주의는 문학 등까지를 영역으로 포함한 좀 더 광범위한 사조라고 할 수 있다.[50] A. Camus등을 실존주의자라고 보는데서 이를 확인할 수 있다. 크게 유행했던 것은 실존주의였다.

철학에서는 실존철학이라는 말을 선호하고 있으나, 일반에서 그리고 라틴 국가들에게서는 실존주의라는 말이 더 잘 알려져 있다. 영어권에서도 대체로 그렇다. 실존철학이나 실존주의는 현대 대륙철학의 핵심의 하나인데, 영국과 미국에서는 크게 주목을 끌지 못했다. 결국 DDC에서도 이들은 세목 2자리의 항목으로 배정되어 있을 뿐이다. 독일철학인 현상학도 현대철학에서의 그 131중에 비한다면 소홀히 다루고 있다고 할 것이다. 이 점에서도 DDC는 영어권, 특히 미국 위주의 한계를 벗지 못하고 있다.

c. 時代와 地域區分 混用의 問題

DDC는 초판부터 제20판에 이르기까지 180과 190에서 시대구분과 지역구분을 혼용하여 東西철학을 일관성 있게 다루지 않고 있다.

---

50) O. Bollnow. *Deutsche Existenzphilosophie*. Bern, A. Franke AG Verlag. p. 3.

제20판에서 180은 "Ancient, medieval, Oriental philosophy"로 되어 있다. 이 가운데서 182-188은 "Ancient Western philosophy"로서 目의 명칭에서 그것들이 서양철학임이 명시되어 있으며, 그것은 "190 Modern Western philosophy"로 이어져 서양철학은 내용상 고대, 중세, 근세 그리고 현대를 모두 포괄하고 있다. 그러나 "181 Oriental philosophy"에는 "Ancient, medieval, modern"이라는 부가설명이 붙어있다. 이것은 엄격한 시대구분에 따르지 않은 것으로서, 오히려 181에서는 비서양철학에 지역구분의 기준을 적용한 것이 된다. 이것은 세계사적 철학의 이해를 그르치는 것이며, 동시에 비서양철학에 대한 이해부족을 보여 주고 있는 예이기도 하다. 따라서 시대구분에 따를 경우, 180과 190에 東西구분 없이 모든 철학을 항목으로 포섭하고, 190의 명칭 "Modern Western philosophy"를 "Modern philosophy"로 바꾸고, 182-188, 189의 명칭에서도 "Western"을 삭제하는 것이 합리적인 대안이 될 것이다.

C. DDC의 問題點

DDC는 현행 문헌분류표 가운데서 가장 긴 역사를 갖고 있다. 미국을 비롯하여하여 아프리카에 이르기까지 전 세계적으로 가장 많이 채택되고 있는 것이기도 하다. DDC는 그 명성에 걸맞게 길고 폭넓은 평가를 받아 왔다. 많은 장점이 열거되었는가 하면, 그에 못지않은 만큼의 단점이 거론되기도 하였다.

이들 장단점 가운데서 본 논문과 유관한 것으로 판단되는 장점을 보면 ① 기호가 아라비아 숫자로 되어 있어 국제적으로 무리 없이 통용 될 수 있다는 점, ② 십진식 구조를 가졌으므로 무한한 전개가 가능하다는 점, ③ 조기성이 풍부하다는 점, ④ 정기적으로 판을 개정하여 최신성을 보장할 수 있다는 점이다.

한편 단점으로는 ① 歐美 본위로 구성되어 있어 국제통용성 제고에 장애가 되고 있다는 점, ② 동일한 계층 수준의 주제를 수용할 수 있는 능력이 9의 제한된 구분으로, 축소됨으로써 새로운 주제를 삽입할 여지가 거의 없다는 점. 즉 새로운 분류번호가 同位번호 사이에 삽입될 수 있는 가능성이 극히 제한되어 있으며, 이것을 해결하기 위해서는 유사주제에 첨가하거나 그 아래에 전개할 수밖에 없다는 점, ③ 학문들의 서로 다른 성장 비율을 신축성 있게 수용할 수 없어 학문 간의 구성상 불균형을 초래하고 있다는 점을 열거할 수 있다.

이들 가운데 장점들은 국제표준분류표 고안에 있어서 충족되어야 할 조건들이 되며, 단점들은 예의 분류표 고안에서 해결해야 할 문제점들이 된다. 그러나 장점 ②와 ④는 동시에 단점으로도 평가되는 것들로서 재론의 여지가 있다. 아래에서는 장점 ②와 ④ 단점 ①, ②, ③을 포괄적으로 상론하고자 하는데, 단점 ②는 십진분류표의 문제점으로 다루고자 한다. 그리고 이미 초판, 제2판에서 문제가 되었던, DDC의 피구분지에 대한 전문적 이해의 부족에서 야기하고 있는 문제점들을 100류를 중심으로 살펴보고자 한다.

1. 잦은 改正에서 비롯하여 된 문제점들: 順機能과 逆機能

DDC는 지난 113년 동안 20차례에 걸쳐 판을 개정하였다. 이들 판들의 평균수명은 6년에 미치지 못한다. 이것은 하루가 다르게 발전하는 학문, 빠르게 증가하는 정보자료와 유통이라는 현실을 반영한 결과로 이해된다. 정형화된 지식 또는 정보자료 체계가 존재하지 않는 한, 개정을 통한 분류표의 개선은 그 분류표가 살아있는 것이 되기 위해 바람직한 것이다. 이런 분류표의 개정은 분류학자의 현실 이해와 미래지향적인 안목에서 이루어지며 학문의 진보에 기여하게 된다. 정기적인 판의 개정이 학문의 최신성을 보장할 수 있다는 것은 이 관점에서 입증되어 온 DDC의 장점 가운데 하나이다.

다른 한편 빈번한 분류표 개정은 발전하는 학문과 이에 따른 문헌의 증가 외에도 분류표 자체의 미숙함, 오류 등에서 기인하기도 한다. 불완전한 분류표는 장수할 수 없을 것이다. 실용성을 잃고 도태되지 않을 수 없을 것이다. 기존의 분류표를 현실에 맞게 개정하고 오류들을 교정하지만, 그 결과가 완벽하지 못하면 재개정과 재교정을 하지 않을 수 없게 된다. 그 과정에서 많은 비판을 감수하지 않을 수 없게도 된다. 이렇게 되면 그런 요청에 따라 변화하는 상황을 자발적으로 즉 능동적으로 대처하기 보다는, 원래의 애정보다 앞당겨 개정을 하여 오류를 바로 잡아야 한다는 요청 속에서, 소극적으로 현실에 적응하게 된다.

DDC의 역사는 이 두면을 동시에 보여 주고 있다. 그 이유가 어디에 있든, 평균 6년 정도를 주기로 예의 분류표를 개정했을 때 발생하는 역기능도 검토되어야 할 것이다. 분류표 작성은 분류학자의 이론적 작업에 속하는 것으로서, 항상 도서관의 문헌분류 실무자에 대해 한 발 앞서 가게 된다. 뒤따르게 마련인 도서관 분류실무자는 분류표가 개정될 때 마다 소장 자료 전체를 재분류해야 하며, 이에 따라 서가도 재배치해야 한다. 이렇게 되면 개정된 문헌분류표를 따르면서도 다음 개정을 염두에 두어야 하므로, 도서관으로서는 일관성 있고 안정적인 정책을 수립할 수 없고, 막대한 인력, 시간, 경비의소모라는 부담을 안게 된다. 도서관 이용자의 불편도 매우 클 것이다. 그때그때 개정된 분류표를 숙지하고 있어야 하기 때문이다. Dewey가 제2판을 간행하면서 사서들의 저항에 유념하지 않을 수 없었던 이유가 바로 이것이었다. 그렇다고 끝없이 진보, 도태하고 있는 지식의 흐름을 외면, 기존의 분류표를 고수할 수 없는 것이 도서관의 현실이기도 하다.

잦은 개정의 순기능과 역기능을 다른 시각에서 볼 수도 있을 것이

다. 최신성이란 첨단과학 등 자연과학과 일부 사회과학에서 유지해
야 할 것으로서,이 분야에서의 잦은, 정기적 개정은 불가피한 것으로
인정된다. 최신의 정보를 요구하는 이 분야의 이용자들도 이 점을
인정할 뿐만 아니라 적극적으로 요청하기까지 할 것이다. 이 때 잦
은 개정의 이점은 매우 클 것이다. 그러나 학문진보의 속도가 늦고
복고적이기 까지 한 성향을 갖고 있는 인문과학과 일부 사회과학의
경우, 필요 이상의 잦은 개정은 비능률을 가져오며 혼란을 초래할
수도 있다.

따라서 개정의 완급을 합리적으로 조정하고, 원칙을 정하지 않는
한 잦은 개정에 뒤따르는 문제의 해결은 난망한 것이 될 것이다.

2. 歐美, 西洋哲學 本位에서 비롯하여 된 偏狹性의 문제

DDC는 처음부터 미국의 특정 도서관, 즉 기독교 계통의 대학도
서관 소장문헌의 분류를 위해 고안 된 것으로서 철저하게 미국적이
며 기독교적 배경을 갖고 출발하였다. 따라서 그것의 미국, 기독교
본위의 분류를 문제 삼을 이유는 없다. 그러나 130여 개국 이상의
많은 도서관이 그것을 채택하면서, 국제적 통용성을 상당한 정도로
인정받기에 이른 오늘날 DDC는 그것의 국제적 영향을 현실로 받아
들여 응분의 노력을 해야 할 것이다. 그러나 그런 노력의 자취는 제
한적으로 확인될 뿐이다. 여기서 과연 DDC가 명실상부하게 국제적
분류표로서 손색이 없는가 묻지 않을 수 없다.

DDC에서 분류기준으로 삼았던 Bacon의 학문구분은 서양학문에 대
한 것이었다. 철학의 경우도 마찬가지이다. 따라서 DDC 초판의 경우,
서양철학의 비중이 절대적이었다. 目 181에 "Oriental philosophy"를
두고 있었을 뿐인데, 이런 편향은 그 후 세분 전개가 이루어져 최소한
의 균형을 꾀하기는 했으나, 제20판에 이르기까지 크게 개선되지 않았
다. 東西구분 없이 전개되어야 할 주제별 綱들도 폐쇄적으로 전개되고

있다.

이와 같은 서양철학 일변도의 분류표는, 인구 구성비를 보거나 정보생산과 유통량을 기준으로 할 때 비서구 국가들의 비중이 상대적으로 높아지고 있는 오늘날 더 이상 현실적이지도, 국제적이지도 못하다. 철학의 경우, 서양철학자들조차도 이미 수세기 전부터 동양철학에 관심을 갖고, 높게 평가해 오고 있는 터이다.

18세기 A. Schopenhauer는 서양정신의 무력함을 통렬히 비판하고, 인도정신에서 마지막 구원을 찾은 바 있다. 그는 당시 유럽에 소개된 인도철학을 높게 평가하였다.51) 이후 동양철학에 대한 관심이 고조되어 H. Stoerig는 그의 철학사 *Kleine Weltgeschichte der Philosophie* 1권에 고대인도, 중국철학을 편입시켜 세계철학사를 전개하였으며, Kroener판 철학사전인 *Philosophisches Woerterbuch*에서도 한국을 포함해서 중국, 일본, 인도 등 동양철학 관계 항목을 배경, 그 중요성을 입증하고 있음을 앞에서 간접적으로나마 소개한 바 있었다.

20세기의 실존철학자 Jaspers도 서양 중심적 세계관, 이를테면 예수 그리스도의 출현을, 이전 시대에 대해서는 목표가, 그 후 시대에 대해서는 기원이 되는 車軸으로 본 G. W. F. Hegel에 반대하여, 세계사의 차축을 기원전 500년 무렵으로 확정하였다. 그에 의하면 이 무렵에 오늘날 우리가 알고 있는 바와 같은 인간이 그 종교, 예술, 철학, 학문을 중국, 인도, 페르시아, 팔레스티나, 그리스에서 성립하였다는 것이다.52) Jaspers는 한 걸음 더 나아가 서양철학을 세계철학의 하나로 이해하고, 서양철학의 한계를 벗어나 세계철학을 구축하는 일에 오늘날 철학자의 과업이 있다고 보았다.53) 실제로 오늘날

---

51) H. J. Stoerig. *Kleine Weltgeschichte der Philosophie.* Vol.2. Frankfurt. am Main, Fischer, 1981. pp. 182-187.
52) J. Hersch. *Karl Jaspers.* Muenchen, R. Piper & Co. Verlag, 1980. p.138.
53) *Ibid.,* p. 68.

구미 국가들에게서 조차도 인도철학, 중국의 孔·孟과 老·莊哲學의 연구가 활기를 띠고 있다. 그런데도 DDC는 이런 추세를 충분히 반영하고 있지 못하다.

이렇듯 철학적 주제의 보편성과 사상형성의 지역적 특수성이라고 하는 두 요구를 충분히 반영하고 있지 못한 것이 DDC "100류"이다. DDC가 이런 요구를 충족시키는데 힘을 기울이지 않는다면, 아직 다른 대안이 없어 DDC를 채택하고 있는 비서구 국가들에서 그 입지는 약화되고, 필경 국제통용성을 잃게 될 것이다.

3. 새로운 主題 揷人의 可能性 問題

십진분류법인 DDC에서 類, 綱, 目, 細目 등 모든 항목의 전개는 同位에서 9개로 제한된다. 그러다 보니 일부를 공기호로 남겨둘 수 있었던 초기의 DDC와는 달리, 오늘날의 DDC에서는 새 항목이 추가되었을 때 同位의 번호 사이에 배정할 여유가 거의 없다. 그러므로 유사주제를 찾아 새 주제를 첨가하거나, 그 주제 아래 전개하는 방식을 쓰게 되었는데, 이로써 분류의 규칙이 훼손되어 개념의 상하, 좌우 관계가 논리정연하게 반영되지 못하게 된다. 예컨대 제2판의 경우, 형이상학을 전개하면서 綱의 여유가 없자 "120 Other Metaphysical Topics"라는 유사 綱을 마련, 여분의 目들을 배정하였고, "190 Modern Philosophers"에서는 세목으로 철학자 9명씩을 綱에 배정했다가, 새로운 철학자의 등장으로 그 체제를 더 이상 유지할 수 없어, 제15판 이후 세목을 풀고 국가별로 綱을 배정한 것 등에서 새로운 주제 삽입이 세분항목을 축약하지 않는 한 구성상 불가능함을 볼 수 있다.

4. 類안에서 發展速度가 서로 다른 學問間의 不均衡 關係

DDC 100류에 포함되어 있는 철학, 유사심리학, 심리학은 그 역사와 발전 속도를 달리해 왔다. 학적 체계를 완비하지 못한 유사심리학은 논외로 하고 철학과 심리학간의 불균형 관계를 살펴보자.

철학은 2,500여 년의 긴 역사를 갖고 발전하여 왔다. 대부분의 철학적 주제는 東西를 막론하고 이미 고대로부터 다루어져 왔고, 중, 근세에 와서 새로 제시된 문제들은 그리 많은 편이 되지 못한다. Dewey가 십진분류표를 작성한 1870년대 철학의 체계는 거의 완비되어 있었기 때문에 전체적으로 볼 때 그것을 분류표에 반영하는데 큰 어려움이 없었을 것으로 여겨진다.

독립된 학문으로서의 심리학의 역사는 DDC의 역사와 시기적으로 거의 일치한다. 즉 심리학의 역사는 가까스로 100여 년을 넘고 있는 정도이다. DDC초기부터 綱 150에 자리한 심리학은 지난 100여 년 동안 괄목할 만큼 성장 발전하여 가히 폭발적인 지식과 정보 생산의 증가를 해 왔다.

그런데도 철학과 심리학 간의 綱 비율은 아직 7 : 1로 심한 불균형 상태에 있다. DDC는 이미 제2판에서 그 골격을 유지할 것이라고 천명했고, 그 구성에 손을 대지 않는 등, 그 약속을 이행해 오고 있다. 이것은 DDC의 자기규정으로서, 예의 심한 불균형의 근원이 되기도 한다. 그 결과 150 심리학은 급증하는 지식을 수용하기 위해 세목 7자리까지 정밀 전개를 하게 되는 경우도 있어서, 조기성을 크게 떨어뜨리는 결과를 야기했다.

5. 十進分類法의 問題

십진법의 구조상의 문제가 드러나고 있다. 초판에서는 크게 문제되지 않았던 것이 이후의 세분 전개 과정에서 가시화 된 것이다.

Dewey가 십진법을 옹호하게 된 그 논지는 십진법에서 항목을 10으로 나누고 있는데, 항목의 수효가 10에 미치지 못하거나 넘을 경우, 대상 주제의 수효를 10으로 늘일 수도, 10으로 압축할 수 있기 때문에 효과적인 분류방식이 된다는 것이었다.

그러나 이런 생각은 분류 대상학문의 성격과 주제구성을 고려하지 않고, 분류기술상의 편의만 염두에 둔 단견이다. 그리고 이런 방식은, 인위적 분류라고는 하지만, 분류의 정신에 정면으로 배치된다. 구분지의 수를 임의로 늘이거나 줄일 수 없는 것이기 때문이다. 즉 同位의 구분지가 7개일 때 3개를 공기호로 비워 두어야 하며, 12개일 때는 이들을 무원칙하게 10으로 줄이지 말고, 이들의 상위개념 몇 개를 찾아, 그 아래 포섭시켜야 할 것이다. 두개 이상의 상위개념이 존재하지 않을 경우에는 유사성을 기준으로 그룹화하여 점차 하위로 전개해야 할 것이다.

이에 대해, 십진법의 무한한 전개 가능성을 예로 들어 실로 무한히 많은 지식체계를 십진체계에 포함시킬 수 있다고 말할 수 있을 것이다. 즉 동일류에 유사 분야를 강으로 전개할 수 있다는 것인데, DDC 100류의 철학과 심리학에서 볼 수 있듯이 이들 사이의 독립성이 일목요연하지 않고, 분류기호가 지나치게 길어지는 단점이 있다.

6. 哲學에 대한 專門의 理解不足의 問題

제20판에서 확인할 수 있는 분류 오류, 개념 오용 등의 예는 이미 초판이후 거듭 확인된 것으로서, DDC가 20차례의 간행과 개정의 역사를 통해 해결하지 못한 문제이며, 앞으로도 개정 방식에 혁신이 없는 한 해결되기 어려운 문제이다. 즉 비전공자가 철학의 지식을 분류하고 전문개념을 사용한다는 것은, 전공자의 사후 검토나 사전 조언이 없는 한 지극히 모험적이며 불확실하다.

앞서 보았듯이 문헌자료의 분류는 대체로 지식분류의 틀에 의거하게 되는 바, 어떤 분야의 지식분류는 그 분야에 대한 전문가적 이해 없이는 가능하지 않다. DDC 100류의 오류들을 보면, 그것들은 철학자들의 관점의 차이에서 비롯하여 된 것으로 보기 힘들다. 여기에서 전문 철학자들과의 협력 정도에 의구심을 갖지 않을 수 없다. 만약 전문학자들의 참여가 있었다면 분류오류, 개념오용 등은 즉시 발견되었을 것이고 바로 교정되었을 것이다. 그리고 오류의 수는 판을 거듭하면서 감소했을 것이다. 그러나 결과는 그렇지 않다. DDC가 판을 일정한 기간을 주기로 개정해야 하는 이면에는 단명할 수밖에 없는, 취약한 논리와 내용이 있다.

분류표 작성은 분류표작성자의 자기 목적적 작업에 머물러서는 안 될 것이다. 즉 편의 위주의 것이나 독선적인 것이 되어서는 안 될 것이다. 실제 도서관 이용자 가운데는 전문학자도 있고 전공학도도 있다. 이들의 정보자료에 대한 요구는 전문가적 수준의 것이다. 만약 문헌분류표가 이들의 전문가적요구에 부응할 수 없게 되면 외면될 것이며, 그런 분류표는 비전공자에게는 혼란을 일으켜 피분류 대상학문을 바르게 이해하는데 장애가 될 것이다. 예를 들면, DDC 제17판 이후에서처럼 心身문제를 다루고 있는 기회원인설(Occasionalism)을 神에 관계하고 있는 항목인 "147 Pantheism and related systems and doctrines" 아래에 배정을 하면, 이들이 異類개념임을 아는 사람들은 그 항목을 찾아낼 수 없을 것이고, 그것을 모르는 비전공자들은 이들을 유관 관계 속에서 이해하게 되어 철학전체에 대한 이해를 그르치게 될 것이다.

이렇듯 해당 분야에 대한 낮은 熟知度, 이것은 DDC가 오늘날까지 내포해온 문제로서, 동시에 그 개선의 한계이기도 하다.

Ⅲ. DDC 代案 UDC의 檢討

A. UDC의 成立背景과 歷史

국제문헌정보연맹(Fédération International de Documentation: FID)이 작성하고, 국제표준화기구(International Standardization Organization: ISO)와 유네스코 등에서 그 사용을 권장하고 있는 UDC(國際十進分類法)는 DDC의 대안적 성격을 갖고 있다. 이 점은 UDC가 처음부터 인정한 사실이다.

UDC의 초판은 1905년 프랑스에서 *Manuel du Repertoire Bibliographique Universel*이라는 서명으로 출간되었다. 전 세계에서 간행된 문헌자료의 종합목록을 작성하려는 것이 애초의 동기였다. 편찬자 P. Otlet와 H. L. Forltaine은 DDC의 국제적 성공에 고무되어, 그것을 기초로 할 것을 결심하였고, Dewey도 이를 허락하였다 이것은 이들이 DDC의 우수성을 그 핵심에서 인정했다는 것과 그러면서도 DDC의 체제로는 일부 해결되지 않은 난점들로 말미암아 국제 통용성의 제고에 한계가 있다고 판단했음을 말해 준다.

초판은 DDC 제5판(1894)을 토대로 작성되었다. 제2판은 1927년에서 1933년에 이르는 기간에 역시 프랑스에서 3권으로 출판되었다. 그 서명은 *Classification Decimale Universelle*이었다. 제3판인 *Dezimal Klassifikation Deutsche Ausgabe*는 1934년에서 1951년 사이에 독일에서 출판되었다. 이어서 1969년에 영국에서 제4판인 *Universal Decimal Classification*이 나왔다.

UDC에는 완전판 (full edition), 중간판(medium 혹은 intermediate edition), 간략판(abridged edition), 특수주제판(special subject edition) 등 네 종류의 版本이 있다. 이들 가운데 특히 완전판 항목의 10%를 수록한 간략판은 세계 여러 나라에서 출판되고 있다. 우리나라에서도 1973년에 韓國科學技術情報센터가 國際十進分類法이라는 서명으로 한국어 간략판을 출판한 일이 있다.

B. UDC의 體制

UDC는 다음 <표 3-1>에서 알 수 있듯이 그 체제에 있어서 DDC의 그것과 매우 흡사하다. 특히 그 유사성은 십진체제 뿐만 아니라 綱의 선정과 배열 그리고 기호부여에서도 확인된다.

<표 3-1> DDC와 UDC의 비교

DDC(제20판)	UDC(영어완전판. 제4판)[1]
110 Metaphysics	11 Metaphysics. Fundamental Problems
120 Epistemology, causation, humankind	122 Causality. Cause Efficient. Condition. Effect. Occasioning
130 Paranormal phenomena	13 Philosophy of Mind and Spirit. Metaphysics of Mental Life
140 Specific philosophical schools and viewpoints	14 Philosophical Systems. Meta physic-Ontological Standpoints
150 Psychology	
160 Logic	16 Logic. Theory of Knowledge. Epistemology. Methodology of Logic. Hodegetics

1) *Universal Decimal Classification.* English Full Edition. Fourth International Edition. London, British Standards Institution, 1969.

170 Ethics(Moral philosophy)	17 Moral Philosophy. Ethics. Practical Philosophy. Everyday Wisdom
180 Ancient, medieval, Oriental philosophy	18 Aesthetics
190 Modern Western philosophy	19 History of Philosophy
	159.9 Psychology

이상의 도표에서 볼 수 있듯이 區分에서, UDC의 11, 13, 14, 159.9, 17은 DDC의 110, 130, 140, 150, 170에 일치하고, UDC의 122, 16, 19는 외연이 다를 뿐 DDC의 120, 160, 180과 190에 일치한다.

체제의 유사성은 내용에도 적지 않은 영향을 끼쳤다. 특히 綱 구분은 해당 학문을 보는 안목에 따라 달라지는데, UDC가 DDC의 체제를 대체로 받아들였다는 것은 그 대상 학문인 철학에 대한 관점이 유사하다는 것을 말해 준다. 내용은 이러한 관점과 무관하지 않다. UDC가 초판 이후에도 DDC 근래판으로부터 많은 자료를 수용한 사실이[2] 이와 같은 관점의 유사성을 입증해주고 있다. 그 결과 배정 항목이 매우 유사한 경우가 다수 있다. 이 점은 DDC의 172 이하의 항목과 UDC의 171 이하의 항목 등에서 확인된다.

C. UDC의 評價

1. 改善된 事項

UDC에는 DDC의 문제점들을 해결하려는 노력이 역력하고, 실제 많은 부분에서 진일보한 면모를 보여 주고 있다. 이들을 살펴보면

---

2) 정필모. 文獻分類論. 서울, 歐美貿易出版部, 1991, p. 202.

다음과 같다.

1) 철학과 심리학의 관계를 좀 더 현실적으로 실정, 항목 배정에 반영하였다. UDC도 처음에는 DDC의 선례에 따라서 심리학을 철학류에 포함시켰다. 그러다가 제4판에 이르러 심리학을 철학류에서 위치상으로나마 분리, 따로 전개하게 되었다. 類名 "Philosophy(excluding 159.9 Psychology)"에서도 이를 확인 할 수 있다. 기호를 그대로 둔 채, 항목판을 이치 시킨 것인데, 이렇듯 UDC는 심리학의 철학으로부터의 독립을 가시화하고 있다.

2) DDC가 철학류에서 綱이나 目으로 고려하고 있지 않은 美學을 독립 綱으로 18에 배정, 오늘날의 철학 현실을 균형 있게 반영하고 있다. 즉 DDC가 "111 Ontology" 하에서 세목으로 "111.85 Beauty"를 배정하여 그나마 존재론적 주제의 하나로 다루고, 특별 주제의 美學을 700에서 다루도록 한 것에 비하여, UDC는 美學을 독자적 綱으로 배정하고 있는 것이다. 이 점에서 UDC는 LCC와 함께 DDC에 앞서 있다.

3) 시대 구분에 있어서 비서양철학을, 고대철학을 위한 綱 180하의 181에 "Oriental philosophy"를 目으로 실정하고, 근세철학을 위한 綱 190을 "Modern Western Philosophy"로 명시, 비서양철학을 고려할 가능성을 제도적으로 막은 DDC와 달리, 이와 같은 한정을 하지 않고 東西의 구분 없이 철학의 역사를 "19 History of philosophy"에 통합함으로써 UDC는 국제성 지향의 의지를 분명히 하고 있다. 이로써 DDC의 구미 중심적 체제의 편협성은 극복될 수 있는 토대가 마련되었다. 이것은 제도적 개선을 의미한다.

4) 전개가 DDC의 그것보다 월등 합리적이고 과학적이다. 뿐만

아니라 그 이론적 토대 또한 견고해졌다. 그 예로 DDC와 UDC에서 의 神論을 비교하면 다음과 같다.

<DDC 제20판>

147 Pantheism and related systems and doctrines
        Examples: animism, occasionalism, panentheism, parallelism, vitalism
   .3 Monism
   .4 Dualism and pliralism

<UDC 영어완전판. 제l4판>

141.1   According to number and quality of principles
   .111   Monism
   .112   Dualism
   .113   Pluralism
141.4   According to attitude on problem of the deity
   .41   Theism
   .411   Polytheism
   .412   Monotheism
   .42   Deism
   .43   Pantheism. Acosmism
   .44   Panentheism
   .45   Atheism

   DDC는 神에 대한 立場인 pantheism아래, 세계 원리에 대한 것인 monism과 dualism and pluralism을, 그리고 세목의 예로서 心身관계 주제인 기회원인설, 평행설 등을, 그리고 다시 神에 관한 입장인 Panentheism을 무원칙하게 배정하는 오류를 범한데 반하여, UDC는 "141.4 According to attitude on problem of the deity"에서 볼 수 있듯이 구분 기준을 명시하고, 피구분체모두를 열거한 점에서 DDC 의 결함을 교정, 분류의 완벽을 꾀하였다. 구분에 있어서 그 기준을 명시하고, 구분원칙을 준수한 것에서 우리는 UDC의 장점을 확인할 수 있다.

2. UDC의 限界와 問題點

UDC는 그 국제 지향의 의지가 뚜렷하고, DDC의 제한점 다수를 제거한 점에서 주목을 받아왔다. 그러나 DDC를 기초로 하여 창안되었기 때문에 독자성이 적어 보이고, DDC의 장점을 살리고 있으면서 그 단점 또한 상당 수준 이어 받아, DDC에 대해 보완적 관계 설정에 그친 듯이 보이기도 한다. UDC의 한계와 문제점들을 살펴보면 다음과 같다.

1) 19세기 말의 DDC를 기초로 한 체계이기 때문에 그 골격이 현대의 지식체계에 적합하지 않다. 즉 좀 더 분화된 당시의 학문 현실에서 출발하지 않고 DDC를 기초로 한 결과 현대적 지식구분과의 부조화를 야기했다. 유사심리학을 아직 철학에 포함시키고 있는데서 이를 볼 수 있다. 심리학의 완전한 독립을 꾀하지 못하고 이치 시키는 것으로서 잠정적 해결을 모색하는데 그친 것도 UDC가 DDC의 십진식 체계를 따랐기 때문이다.

2) 거기에다가 십진법의 숙명이라고 할 수 있는 문제, 즉 분류번호가 지나치게 길어진다는 점을 안고 있다. 이 점은 DDC의 가장 큰 단점으로 비판되어 온 문제인데 DDC보다 한층 더 세분 전개를 한 UDC에서 더욱 심하다.

3) UDC의 개정은 국제적 수속을 거쳐 이루어지는 과정 때문에 상당한 시간을 필요로 한다.3) 실제로 UDC는 지난 90여 년간 단 4차례의 개정이 이루어졌을 뿐이다. 논자는 앞서서 너무 빈번한 분류법 개정의 역기능을 살펴보고, 그러한 개정에서 야기되는 비효율성, 경제적 낭비 등을 우려했다. 그러면서 최신성 유지를 위해 적시에

---

3) 宮坂逸郎, 河野德吉 공편. 資料の分類. 東京, 雄山閣, 1978. pp. 69-70.

개정하지 않을 수 없는 것으로 자연과학과 일부 사회과학을 든 바 있다. 평균 23년 주기로 개정되는 UDC의 경우로서는 결국 과학기술의 급속한 진전을 따라가지 못하게 되고 만다. 20년이 넘는 개정 주기는 인문과학에서도 역시 비현실적이다.

4) 제도상의 개선에도 불구하고 그 실제에서는 여전히 서구 중심적이다. 서양의 지식구분에 의존한 탓이다. 그 결과 아직은 항목의 명칭과 배열 방식이 철저하게 서양철학적이다. 이것은 DDC와 마찬가지로 비서양철학에 대한 이해부족에서 기인한다고 본다.

예를 들자면 "11 Metaphysics. Fundamental problems"의 형이상학적 항목들을 볼 때, 그것들은 Aristoteles 이래의 서양 형이상학적 전통을 충실히 반영하고 있을 뿐이다. 어느 곳에서도 東洋의 형이상학적 체계나 이론, 예컨대 Yin(陰)과 Yang(陽), 理나 氣 등은 항목으로 배정되어 있지 않다. 이것은 오늘날 UDC가 안고 있는 현실적 한계이다.

즉 외형상의 개선에도 불구하고 항목배정이 여전히 서구 중심적으로 이루어져 있다. 전 철학류의 綱 구분과 명칭, 目의 구분과 명칭 등에서 이를 확인할 수 있다. 따라서 운용을 어떻게 하는가에 따라서, 그 결과가 DDC에 못 미칠 수도 있다. DDC는 부족하나마 "181 Oriental philosophy"를 배정, 비서양철학이 반영될 수 있는 최소한의 장치를 마련하고 있다. 따라서 체계상 국제성이 고려되고 있고 개방적이지만, 아직은 서구 중심적 사고를 벗지 못하고 있는 것이 UDC이다.

이들 한계와 문제점들로 미루어 보건데, UDC가 거두어들인 성과에도 불구하고, 엄밀한 의미에서 국제적 분류표가 되기에는 미흡한, 많은 한계를 갖고 있으며, 명실상부하게 DDC의 대안이 되기에는 부족하다는 것이 드러난다. 특히 현 체제와 관점을 고수하는 한, 이와 같은 난제는 좀처럼 풀리지 않을 것으로 보인다.

Ⅳ. 새로운 分類表의 展開

A. 哲學類의 새로운 展開를 위한 根據

본 논문은 그 논의를 철학류 전개에 한정하여 왔다. 그리고 철학류의 새로운 전개에 그 논의의 목적을 두고 있다. 그러나 이 같은 작업은 이미 완성되어 있거나 적어도 구상되어 있는, 전 주류를 포함하고 있는 일반적 분류법의 체계 안에서만 가능할 것이다. 주류의 실정과 배열, 기호체계 .그리고 전개방식 등에 대한 원칙과 기준이 마련되지 않고, 타 주류들과의 유기적 관계가 단절된 상태에서 특정 주류 하나를 독자적 원칙과 이상에 따라 전개할 경우 그것은 전 주류를 포함하고 있는 분류법을 채택하고 있는 현실에 부합하지 않기 때문이다. 이를테면 분류법의 전개를 십진식으로 하느냐 백진식으로 하느냐에 따라 주류의 수효가 결정되고, 그 수효에 따라 한 주류의 대상 영역의 크기가 달라지게 마련이다. 수류의 배열 방식에 따라 한 수류의 학문적 성격 또한 규정되기에 이른다. 그런가 하면 기호체계는 통일되어 있어야 하며 전개 방식에도 주류간의 조화가 있어야 한다.

이것은 철학류와 같은 특정 주류를 연구의 대상으로 할 경우에도, 전 주류를 체계화하고 분류의 기준화 원칙을 규정하고 있는 일반적 분류체계 전반에 대한 검토가 선결되어야 한다는 것을 말해 준다.

현행 대표적 분류법인 DDC, LCC, CC 등에 대한 검토가 우선해서 요구된다. 검토의 대상은 무엇보다도 국제통용성 여부, 주류 실정의 적정성, 기호체계의 합리성 그리고 전개 방식의 효율성이 될 것이다. 국제통용성의 관점에서 볼 때 이들 가운데서 어느 것도 이상적인 것이 될 수 없다는 것이 그간의 지적이자 비판이다. 영미 또는 서구 중심적이어서 비서구 문화권에서의 수용에 한계가 있다는 것이 그 지적과 비판의 요지이다. 주류선정에서 십진식으로 전개하고 있는 DDC는 10이라는 수적 한계 때문에 오늘의 다변화하고 전문 세분화한 지식체계 상황에 부합하지 못한다는 것이고, 이 점에서 좀 더 개방되어 있는 LCC나 CC의 경우 주류설정은 현실화되어 있지만, 이들은 복잡한 기호체계 때문에 DDC의 기호 즉 아라비아 숫자로 된 기호체계에 그 효율성이 못 미친다는 것이다. 그리고 전개 방식에서 전개 가능성이 거의 무한한 DDC가 앞서 있는 것으로 평가된다. 이렇게 본다면, 이들 가운데서 어느 것도 국제적 분류법의 조건들을 모두 충족하고 있지 않지만, DDC가 효율성 등의 측면에서 LCC나 다른 어떤 분류법들과 비교하더라도 상대적으로 우위에 있음이 드러난다.

관건은 이제 이들 분류법들이 갖고 있는 결함 부분을 보완하고 그 장점들을 살펴 새로운 기준을 제시하는 일이 될 것이다. 이미 살펴 본대로 현행 대표적 분류법 가운데서 어느 것도 그대로 받아들여도 무방한 것이 아니지만, 이들이 장점 또는 단점으로 지적되어 온 것들을 통하여 이상적 분류법의 조건들을 제시하고 있는 것으로는 볼 수 있다. 현실에 맞는 수효의 주류 실정에 아라비아 숫자를 기호체계로 갖고 있는, 무한한 전개가능성을 갖고 있을 뿐만 아니라, 구미 위주의 편향에서 벗어난 새로운 분류법의 조건들이 그것이다. 논자는 이러한 조건들을 충족하는 길을 모색하게 되었고, 그 과정에서 근년에 정필모 교수가 설계, 제시하고 있는 國際百進分類法(International Centesimal Classification: ICC)에 주목하게 되었다.

1. ICC의 基本理論

ICC의 구상은 「도서관학」 제20집(1991. 6)에 게재된 "百進分類法 設計"를 통하여 학계에 선보였다. 서문에서 이 논문의 필자는 새로운 분류법인 百進分類法 창안에 대한 구상을 밝히고, 그 명칭을 百進分 類法(Centesimal Classification)이라고 하되 예의 논문에서는 CC와의 명칭 상 혼동을 피하기 위하여, 그것을 PCC(Plan for Centesimal Classification)로 부르겠다고 천명하고 있다. 이 논문은 그 제목이 가 리키듯 아직 구상의 성격을 띠고 있다.

정필모 교수는 이 논문을 보완하고 改修하여 1993년 "國際百進分 類法研究"라는 題下로 일련의 논문을 완성하였다. 이들 논문에서 기 왕의 PCC는 ICC로 개칭되었다. 이 명칭의 변경은 그것이 이제 설 계의 단계를 넘어 구체화되고 있음을, 그리고 국제적 통용성을 염두 에 두고 추진되고 있음을 말해주는 변화를 뜻한다. 이런 이유에서 본 논문에서의 백진분류법 논의는 PCC가 아니라 ICC를 중심으로 이루어지게 될 것이다. 그 가운데서 논의의 주 대상은 백신분류법의 당위와 취지, 전개방식과 주류실정의 문제가 집중적으로 다루어시고 있는 "國際百進分類法研究"[1]이 된다.

"國際百進分類法研究"의 緖論에 기존의 DDC, LCC, CC가 당초 국제적분류법으로 편찬된 것이 아니어서 일정한 문화권적 한계를 갖 고 있다는 것, 정보화와 국제화를 대세로 하고 있는 오늘날 그것을 대체할 수 있는 명실상부한 새로운 국제적 분류법의 창안이 요청되 고 있는 현실이 간접적으로나마 설명되어 있다. 그리고 이 논문은 "어느 나라에서나 修正 또는 再展開를 하지 않고 국제적으로 널리 사용될 수 있도록 전개"하고자 한다는 포부와 취지를 밝히고 있다.[2]

---

1) 정필모. 國際百進分類法研究(I) - ICC에 있어서 主類의 設定과 그 展開 − 中央大學校 文獻情報學報 제5집. (中央大學校 文獻情報學科 創設30周年記念 特輯) 1993. pp. 3-32.

이어서 백진식 전개의 당위성으로서 그 동안 주요 분류법에서 주
류의 수효가 지식의 진보와 전문화 추세에 따라서 증가해 온 사실이
주지되고 있다. 즉 19세기 후반에 창안 된 DDC가 10개의 주류를
실정한 이래, 1904년에 발간된 LCC가 21개로 주류의 수효를 늘인
점, 그리고 그로부터 다시 약 30년 뒤(1933년)에 간행된 CC가 그
수효를 더욱 늘여 27개의 주류로 구분한 것이 그 사실이다. 이어서
Bliss의 「書誌分類法」 (A System of Bibliographic Classification;
1936년)에서는 이른바 선행류(anterior class)를 1에서 9까지 전개하
고 주류를 A에서 Z에 이르기까지 전개하여, 결국 모두 35개가 되도
록 한 점, 이후 LCC의 경우 下位類가 70개로 종가하여 주류의 실
질적 증가를 가져온 점, 1973년 CC 제7판 준비판에서는 주류가 82
개로 종가한 점이 지적되고 있다. 이것은 주류를 10으로 한정할 수
밖에 없는 십진식 분류법이 더 이상 현실에 부합하지 않는다는 것과
동시에 이미 일부 분류법에서 주류의 수효가 80개로 넘어, 백진식
전개가 불가피해졌다는 것을 말해 주고 있다.[3]

다음으로 ICC 창안자는 기호의 조건을 열거하고, 그것을 가장 훌
륭히 충족하고 있는 것으로서 DDC가 채택하고 있는 아라비아 숫자
를 제시 하고 있다.[4] 국제통용성과 순서개념의 명확성이 여기에서
논의된 기호의 조건들이다. 그 다음에 논의되고 있는 것이 주류실정
의 문제이다. 여기에서는 주류실정 기준이 검토, 제시되고 있으며 더
불어 주류의 실정이 이루어지고 있다. 주류실정의 기준으로서, ICC
창안자는 CC 제7판을 기초로 하여 BC의 주류, DDC의 주류와 綱,
LCC의 주류와 하위류를 비교분석하는 일에 착수하고 있다.[5] CC
제7판을 기초로 한 것은 그것이 최신의 것일 뿐만 아니라, 나머지

---

2) *Ibid.*, p. 6.
3) *Ibid.*, pp. 6-8.
4) *Ibid.*, pp. 8-10.
5) *Ibid.*, p. 12.

분류법들의 주류를 거의 다 포함할 수 있는, 가장 포괄적인 체계를 갖추고 있기 때문이라는 이유에서이다.

　구체적으로 주류의 실정은 3차례에 걸쳐 이루어지는데, 첫 번째로 CC, DDC, LCC에서 서로 일치하는 33개의 주류가 일반적 주류로 설정된다. 두 번째로 DDC와 LCC에서 그 밑에 30개 이상의 항목으로 이루어진 37개의 주제가 첨가된다. 30개가 하나의 주류를 구성함에 있어서 세분 전개될 수 있는 최소한의 숫자가 된다는 이유에서이다. 그리고 세 번째로 최근 CC 제7판에서 주류로 설정한 복합주제(subject bundle)를 고려하고, 거기에다 유전학, 인문학 그리고 아직 어느 일반적인 분류법에도 반영되어 있지 않은 漢醫學(oriental medicine)을 추가하여 12개의 주류를 설정한다. 이렇게 되면 주류는 모두 82개가 된다.6)

　주류배열 순서는 학문을 群別로 나누고 배열하는 일에서 시작된다. 이에 앞서서 CC의 배열순서 즉 자연과학, 응용과학, 인문학, 사회과학의 순서가 비판된다. 이어서 이른바 "추리성 감소와 내용의 풍부성 원칙"을 들어 역시자연과학, 인문학, 사회과학의 순서가 옳다고 본 A. Neelameghan의 주장이 논박되고 대신 그 순서가 인문학, 사회과학, 자연과학, 응용과학으로 되어야할 근거가 제시되고 있다, 그리고 學際的 主題(interdisciplinary subjects)들이 선행류군으로 가장 앞에 배정되어야 할 이유가 설명되어 있다.7)

　이와 같은 이념, 전개방식, 주류설정과 배열의 기준, 기호체계 등에 따라서 창안 된 것이 지식의 분화 추세에 부응하여 백진식으로 전개하고, 그것을 통해 무한한 전개 가능성을 갖는, 인문학, 사회과학, 자연과학과 응용과학의 순으로 그 배열 순서를 합리화했는가 하면 漢醫學 등 이른바 비서구 문화적 주제를 과감히 삽입시켜 명실상부하게 국제화를 도모한, 그리고 아라비아 숫자를 기호체계로 하여

---

6) *Ibid.*, pp. 15-20.
7) *Ibid.*, pp. 20-22.

국제 통용성의 제고를 꾀한 ICC이다. 이렇게 창안 된 ICC의 主類를 소개하면 <표 4-1>과 같다.

<표 4-1> Main Classes of ICC[8]

Interdisciplinary classes

00 Generalities
01 Computer science
02 Library and information science
03 Communication
04 Journalism
05
06 Humanities
07 Philosophy
08 Religion
09 Language and linguistics
10 Literature
11 Arts
12 Civic and landscape arts
13 Visual arts (Decorative arts)
14 Pictorial arts (Painting)
15 Plastic arts (Sculpture)
16 Building arts (Architecture)
17 Music
18 Performing and recreational arts
19 Sports
20 Psychology
21
22 Social sciences
23 History
24 Geography
25 Sociology (Behavioural sciences)
26 Social services
27 General statistics
28 Education
29
30 Political science
31 Public administration

33 Customs folklore
34 Home economics and family living
35 Economics
36 Management science
37 Commerce
38 Transport
39

40 Natural science(Pure science)
41 Mathematics
42 Physics
43 Chemistry
44
45 Biology
46 Genetics
47 Botanical science
48 Zoological science
49 Paleontology
50
51 Earth science
52 Surface science
53 Soil science
54 Hydro science
55 Ocean science
56 Atmosphere science
57 Space science
58 Astronomy
59

60 Technology
61 Medical science
62 Human physiology and anatomy
63 Disease
64 Pharmacology and therapeutics
65 Surgery
66 Gynecology and experimental medicine
67 Oriental medicine
68 Promotion of health
69 (Medical technology)
70 Agriculture
71 (Forestry)
72 Animal husbandry

73   Nautical engineering
74
75   Engineering and allied operation
76   Applied physics
77   Chemical engineering
78
79   Electrical engineering
80   Electronic engineering
81   Astronautical engineering
82   Machine engineering
83
84   Material science
85   Mining and relate operations
86   Defence science
87   Military engineering
88
89   Naval engineering
90   Civil engineering
91   Environmental engineering
92
93   Food technology
94   Manufacturing
95
96   Manufacture for specific uses
97   Building engineering
98

2. ICC의 特性

ICC는 기존의 수요 분류법들, 이를테면 DDC, LCC, CC 등을 심도 있게 비교하고 분석하여 그것들이 지니고 있는 난점들을 제거하거나 극소화하고, 장점들을 권장하며 수용하는 방향에서 고안 되었다. 그 결과 지금까지의 일반적분류법들과 비교해서 더 현실적인 내용에, 더 합리적인 전개가 가능했던 것으로 보인다.

오늘날 학문의 분화가 가시적으로 진척되고 있으며, 대학에 개선

---

8) *Ibid.*, pp. 26-29.

되어 있는 전문학과의 수효가 이미 100여개를 넘고 있을 만큼 지식의 체계가 세분화되어 있다. 이런 사실에 비추어 볼 때 백진법 전개의 당위성에 대한 논리는 설득력을 지닌다.

이어서 최적의 분류기호로서 아라비아 숫자를 선택한 것도 반론의 여지가 없는 것으로 보인다. 이미 DDC를 통해 입증되었듯이 그것만큼 간단명료하며, 순서의 개념이 뚜렷할 뿐만 아니라 높은 국제 통용성을 지니고 있는 것이 없기 때문이다. 이들 가운데서 특히 순서의 개념은 전체 분류법의 유기적 체계화의 필수요건으로 판단된다.

그런가 하면 주류의 순서와 연관해서 ICC가 CC 그리고 Neelameghan에게 한 논박도 타당한 것으로 보인다. CC의 입장과 달리 인문학, 사회과학, 자연과학 그리고 응용과학의 순서는 서양학문의 발생과 전통에 부합한다. 자연과학(natural science)이란 말이 18세기에 이르러 비로소 일반적으로 승인되었다는 사실이 이미 그것의 역사를 말해준다.9) 그전에는 자연철학 또는 자연학(physica)이 있었을 뿐인데, 이들은 오늘날까지 철학에 포함되어 있는 분야들이다. 중세 대학의 교과편성10)과 Comte의 인류정신 발달의 3단계설도 이 같은 학문의 계보를 뒷받침해 준다.11) Bacon의 지식구분에서도 그렇다. 자연사는 역사 속에 포

---

9) *Philosophisches Woerterbuch.* Stuttgart, Alfred Kroener Verlag, 1969. p. 423.

10) 3학과(trivium)와 4학과(quadrivum)를 가리킨다. 이 편성에 따라서 파리대학이 학예학위를 취득하려는 학생들에게 필독서로 요구안 서적목록(1254)은 모두 6분야로 되어 있었는데, 오늘날 자연과학이라고 할 Aristoteles의 "자연학", "천체론", "동물지", "식물지", "기상론" 등을 "자연철학" 분야에 포함시켰다. 참고: 박옥화. 지식분류의 역사적 고찰. 충남대학교 사회과학연구소 논문집. 제3권. 1992. pp. 34-36.

11) 실증주의(positivism)를 하나의 개념으로 정립한 A. Comte(1798-1857)는 인류의 精神史가 세 단계 또는 세 시기를 거치면서 오늘날 까지 진행하여 왔다고 보았다. 첫 번째의 것은 神話的·神學的 시기요, 두 번째의 것은 형이상학적 시기이다. 기왕의 종교적, 철학적 단계가 대체로 이들 시기에 해당한다. 세 번째의 것이 바로 실증적 시기이다. 이 시기에 이르러 인간은 비로소 과학의 과제와 본질을 터득하게 된다. 이제 직접 주어져 있는 것(positiv)만이 다루어지게 된다. 오늘날 자연과학 등 경험과학은 이 실증적

함되어 있고, "physics" 또한 "metaphysics"와 더불어 "speculative natural philosophy"에 속해 있으며 "medicine" 역시 "logic", "ethics"와 더불어 "anthropology"에 포함되어 있다. 이것들은 그때만 해도 자연과학이 오늘날의 지식구분에서와 같은 독자적인 위치에 있지 못한 채 철학에 포함되어 있음을 가리킨다.

Neelameghan이 자연과학, 인문학, 사회과학의 순서를 옹호하면서 그 근거로 제시한 "추리성 감소와 내용 풍부성의 증가 원칙"에도 비판의 여지가 있다. 자연과학이 중시하는 방법은 자연현상은 재현가능하다는 것을 전제로 이루어지는 경험적 관찰과 실험 등이다. 그리고 자연과학의 고유한 분야로는 크게 물리학, 화학, 생물학, 천문학, 지학이 있다. 이와 달리 철학과 수학을 포함한 인문학과 사회학에서 어떤 이론이나 연구결과를 뒷받침하고 강화하는 것은 논리필연성이며 추리의 합리성이다. 추리론이 논리학의 핵심 가운데 하나이고, 논리학이 철학뿐만 아니라 인문, 사회과학에서 기초과목의 하나가 되고 있는 이유가 여기에 있다. 따라서 Neelameghan이 제시하고 있는 원칙은 옳다고 볼 수 없다,

뿐만 아니라 ICC에서는 주류설정의 근거도 뚜렷하다. 그 근거로서 DDC, LCC, CC가 명시되어 있다. 그리고 세 차례의 치밀한 작업을 통해 82개의 주류를 설정하고 있다. DDC, LCC, CC 등은 지금까지 여러 차례의 개정을 통해 현실적응력과 구분력을 높여 왔으며, 부분적으로 비판을 받고 있지만, 충분한 기간을 두고 실용화된 분류법들이다. 따라서 예의 주요 분류법들을 근간으로 편찬된 ICC는 처음부터 그 수월성을 확보하게 되었다는 명가이다.

다만 주류설정의 근거가 단선적이라는 지적이 있을 수는 있다. 기존의 주요 분류법만을 근거로 했기 때문이다. 오랜 기간을 두고 채

정신을 그 바탕으로 하고 있다. 참고: F. Copleston. *A History of Philosophy*. Vol.3. Westerminster, Md., The Newman Press, 1959. pp. 78-79.

택되어 온 주요 분류법들을 토대로 할 때, 확실한 분류법의 설계는 가능하겠지만, 주요 분류법들의 경우 과거 어느 시점에 정형화된 지식체계를 반영하고 있기 때문에 현실에 대한 대응력과 미래에 대한 예비력에서 뒤질 수도 있을 것이다. 따라서 그 설정 근거를 다변화했을 때 좀 더 살아있는 분류법의 창안이 가능하지 않았겠느냐는 지적이다. 주류의 설정 근거를 다변화할 때, 우선해서 고려하여야 할 것이 그간 정도의 차이가 있지만, 실제 그 수용을 통해 효용성이 인정되어 온 기존 분류법을 포함해서 오늘날의 지식 산출과 교환의 현실 그리고 최신의 지식구분이다.

이들 중 지식의 산출과 교환, 전수가 이루어지고 있는 곳은 어느 곳보다도 대학들이다. 그리고 여기서는 미래가 준비되고 있으며, 이를 통해 학문의 현실과 진보의 방향을 알 수 있게 한다. 그리고 이런 현실과 방향은 대학의 기구 즉 학과의 신설과 통폐합을 통해 가시화된다. 대학의 교과과정도 도움이 될 수 있을 것이다. 앞서 소개된 분류법들에서는 美學이 독립주제로서 설정되어 있지 않은 것도 있다. 그것은 지난날의 대학 현실에 부합하는 조처이다. 그러나 최근에 들어 美學科가 철학과로부터 독립 개설되고 있는 추세인데, 이것은 심리학이 철학으로부터 서서히 독립하게 된 100여 년 전의 상황을 연상케 한다. 미학도 머지않아 독립될 것임을 예견할 수 있다. 주류설정에서 이와 같은 구체적인 오늘날의 상황을 반영, 즉 미학이 오늘날 철학에서 확보하고 있는 뚜렷한 입지를 고려하여 강으로 독립 설정한다면. 그 분류법은 좀 더 미래지향적인 것이 될 수 있을 것이다.

이러한 현실을 이론적으로 체계화한 오늘날의 지식구분 또한 주류설정의 근거가 되지 않을까? 지식구분이 앞서 거론된 지식산출과 전수의 현상과 다른 것은, 그 구분이 구분자의 특정한 이념과 관점을 반영하고 있어, 때때로 주관적인 것에 머물 수도 있다는 점이다. 그렇기는 하나, 이런 구분은 전 학문 영역을 어떤 기준에 의해 섭렵한 결과이기 때문에 학문들의 유기적 체계를 이해하는데 도움이 된다. Dewey가 Bacon의 지식구분을 근거로 문헌분류에 착수한 것도 이 때문으로 본다.

　물론 Bacon의 것과 같은, 전 학문을 포괄하는, 그리고 다음 몇 세기 동안 그 타당성이 인정될 지식구분이 어느 때고 있는 것이 아니다. 그리고 오늘날 더 많은 지식체계가 존재하기 때문에 그러한 구분이 훨씬 어려워진 것도 사실이다. 그렇기는 하지만 우리가 의존할 수 있는 지식구분의 예는 오늘날도 적지 않다. 지식구분은 보편적 학문을 자임하는 철학자들의 소관으로 되어 있는데,12) 오늘날에도 많은 학자들이 "Philosophy of Science" 또는 "Wissenschaft"를 주제로 다루면서 지식을 구분하고 있다. 이 때 구분자들은 전 학문을 하나의 유기체로 보고, 개별 학문의 파생관계, 상호관계에 유념한다. 따라서 이런 오늘날의 지식구분들을 주류설정에 있어서 또 다른 근거로 삼을 경우. 그 구분의 논리와 배열 순서의 합리성이 더욱 강화될 것이라고 보인다.

　이와 같은 지식구분의 적용에 난점이 있는 것도 사실이다. 전 학문분야의 말단에 이르기까지 세분하고 있는 경우가 흔치 않기 때문이다, 이런 이유에서 그것이 일반 분류법의 구체적 근거가 되기에는 부족하다는 지적이 있을 수 있다. 그렇기는 하나 지식구분의 논리와 근간을 제공하고 있는 점에서 주목할 가치가 있다. 그리고 이미 지성사적으로 뿌리를 내리고 있는 학문분야들에 대해서는 역점적으로 취급하고 있어서 큰 도움이 될 수도 있다. 그런 분야 가운데 하나가 철학류이다.

---

12) 철학은 萬學의 學으로도 정의된다. 특수 학문을 통일적 전체로 통일시키는 기능 때문이다. W. Wundt는 철학을 "개별 학문을 통해 습득된 일반적 인식을 하나의 모순이 없는 체계 속에 통일시켜야 하는 보편학문"으로 정의한 바 있다. 이러한 노력의 예는 Aristoteles와 F. Bacon 등에서 볼 수 있다. 참고: J. Hessen. *Lehrbuch der Philosophie*. Vol.1. Muenchen, Ernst Reinhardt Verlag, 1964. pp. 18-19.

논자는 이에 기존의 분류법, 대학에서의 학문영역 구분, 철학자들의 지식구분이라는 세 가지 근거를 철학류에 실험적으로 적용하여, 주류설정 근거의 다원화의 가능성과 타당성을 검토하고자 한다.

지금까지 살펴본 바로는 주류설정 근거의 다원화 문제가 남아 있기는 하지만, ICC는 현재 상태만으로도 DDC 등 현행 대표적 분류법의 대안이 되기에 충분하다고 본다. 특히 철학류의 전개에 있어서 ICC 체제는 뛰어나다. 이점을 살펴보면 다음과 같다.

① 우선 백진식 전개에서 그렇다. 주류가 10개로 제한되어 있는 DDC와 달리 철학으로부터 심리학과 유사심리학을 독립시켜, 철학의 순수성과 주제의 통일성을 확보할 수 있다. 철학과 종교학을 묶어 두고 있는 LCC와 같은 경우에도 이런 독립은 적용될 수 있을 것이다.

② ICC는 "漢醫學"을 항목으로 배정함으로써 생물학이나 화학과 달리 서로 다른 문화권의 철학을 다수 갖고 있으며, 이들의 통일을 꾀하고 있는 철학류에는 좋은 선례와 가능성을 제공하고 있다. 동서의 균형을 잡으려는 현대철학의 운동에 길잡이가 되고 있으며 그러한 노력의 정당성을 입증해 주고 있기도 하다.

지금까지의 검토 과정에서 ICC가 철학류 전개에 있어서 최적의 일반분류법이 되고 있음이 확인되었다. 이에 본 논문은 ICC를 기초로 철학류의 새로운 전개를 꾀하는 것을 목표로 삼고자 한다. 동시에 심리학뿐만 아니라 유사심리학도 철학류에서 분리하여 독립시키고, 전개를 순수 철학에 국한하고자 한다.

B. 哲學類의 새로운 展開를 위한 方法論

철학류에서 그간 쟁점이 되어 온 것은 DDC 등 구미 중심적 분류법들이 지니고 있는 지역적 한계, 즉 자국 우위권의 무원칙한 강조에서 비롯하여 된 국제보편성의 결여 그리고 철학에 대한 이해의 부족에서 야기된 분류의 오류 등이다. 철학류의 새로운 전개에서 유념해야 할 부분이 바로 이들이다. 이들 문제를 해결하기 위해서는 지역철학의 특수성을 두루 포합하고 있는, 보편학으로서의 세계철학에 대한 이해를 꾀하는 동시에 철학 전반에 대한 이해를 제고해야 할 것이다. 이에 아래에서는 가능한 한 많은 기초자료를 검토하여 새로운 전개의 토대로 삼게 될 것이다. 이에 앞서서 철학류 분류법 전개의 방법론이 숙고되어야 할 것이다. 이 방법론에는 항목 선정의 방법과 근거, 항목 설정의 과정과 그 전개 방식 그리고 東西 균형의 모색 등이 포함될 것이다..

1. 項目選定의 方法: 자유로운 변경(freie Variation: free variation)

자유로운 변경은 독일의 철학자 Husserl이 사물의 본질 또는 일반성을 찾아내기 위해 고안해 낸 일종의 思惟實驗으로서, 그 엄격한 논리 전개와 뛰어난 방법론적 엄밀성으로 말미암아 철학의 테두리를 넘어 점차 여러 인문, 사회과학에서 채용되고 있는 방법론의 하나이다. 이것은 기존의 여러 분류법들을 비교하여 공통항목을 확인한 후 거기에 일반성을 부여하는 우리 문헌분류학자들의 작업 방식과 흡사하다. 여기서 자유로운 변경을 소개하고, 철학류 전개에 원용하고자 한다.

우리는 삼각형이라는 기하학적 도형의 본질을 찾아내기 위해 실제로 종이위에 다양한 삼각형을 그려가면서, 또는 상상을 통해 삼각형의 형태를 무한히 임의로 변경시켜 갈 수 있다. 정 삼각형, 이등변 삼각형, 직각 삼각형, 둔각 삼각형, 예각 삼각형 등등. 이렇듯이 자유로운 변경을 통해 무수하게 많은 模相(Variation: 個體)을 만들어 낼 수 있다. 그리고 전 변경 계열을 통해 변경되는 것이 있는가 하면 그렇지 않은, 즉 불변의 본질이 있음을 확인하게 된다.13) 이를테면 변과 각의 수효 그리고 내각의 총합은 삼각형의 무한한 형태 변화에도 불구하고 변하지 않는 본질이다. 이 본질은 다양하게 변경된 삼각형의 모상 전부에게 타당한 영역, 상호 주관적(intersubjective)영역이 된다. 이런 공통 분모적 영역을 확립하기 위해서는 가능한 한 많은 형태변경이 시도되어 그 만큼 많은 모상이 만들어져야 한다. 두세 개 만으로는 그 불변의 것이 모든 삼각형에 유효한 본질이 될 것인지를 좀처럼 확인할 수없기 때문이다.

이것을 철학류에 원용하면, DDC, LCC, UDC 등 기존 분류법들이 모상이 된다. 지식 구분과 대학에서의 철학 교과과정도 모상이 될 수 있다. 이와 같이 필요한 정도에 따라서 모상의 수효를 계속 증가시킬 수 있다. 그리고 이런 변경 계열에서 불변한 테마를 선정하여 항목으로 설정하면 된다. 아래에서는 이미 그 구분체계가 객관화되어 있어 그러한 절차가 필요치 않는 경우를 제외하고는, 이 방법을 받아 들여 철학류에 포함되어야 할강을 선정하고자 한다.

2. 項目選定의 範圍와 根據: 模相의 選定

철학류의 전개에 있어서 고려할 수 있는 模相의 집단에는 이미 위에서 밝힌 바와 같이 ① 기존의 분류법 ② 대학에서의 철학 교과과정 그리고 ③ 현대 철학자들에 의해 체계화된 지식 구분이 있다. 그러나 이들을 무제약적으로 받아 들여 항목 설정의 기준으로 삼을 수는 없다. 서양철학과 동양철학 등 철학 전반을 대상으로 하고 있지 않기 때문이다. 기존의 대표적 분류법들은 대체로 구미 중심적이다. 지금까지 알려진 지식 구분의 경우 또한 마찬가지이다. 따라서 이와 같은 模相의 선정에서도 이러한 문화권적 특수성이 고려되어야 할 것이다. 이에 논자는 이를 고려하여 아래의 모상들을 제시하고자 한다.

---

13) 申龜鉉. 現象學的 還元과 그 哲學的 意義. 韓國現象學會 편. 現象學이란 무엇인가. 서울, 심설당, 1983. pp. 67-68.

1) 기존의 분류법 가운데서 서양철학 중심으로 전개되었으면서도 국제적으로 어느 정도 그 대표성이 인정되고 있는 DDC, LCC가 서양철학 관계 항목선정의 근거로서 우선 검토 대상이 된다.

2) 대학에서의 철학 교과과정이라고 하지만 그것이 전 세계적으로 통일되어 있는 것이 아니다. 나라마다 그리고 대학마다 차이를 보이고 있는 것이 현실이다. 예를 들자면 독일에 있어서 대학의 철학 교과과정은 서양철학 중심으로, 그것도 독일철학의 시각에 의해 이해된 서양철학 중심으로 편성되어 있다. 따라서 특정 국가의 특정 대학을 선정할 때 대표성 등 그 타당한 근거가 있어야 한다. 이 점을 고려, 항목의 성격에 따라 거기에 적합한 대학의 교과과정을 선정. 소개하고자 한다.

3) 항목선정의 또 다른 근거가 되는 지식구분의 예도 다수 있다. 서양 철학의 경우, 그 구분에 공통점이 많아 선정의 어려움이 없다. 많은 지식 구분가운데서 현대적 관점에서 서양철학을 테마 영역별로 구분한 Hessen의 철학구분14)과 개략적으로나마 문헌학적 관점에서 구분한 R. Blazek과 E. Aversa의 구분15)을 항목 선정의 근거로 삼아도 무방할 것이다. 이들 구분이 지극히 통상적이어서 반론의 여지가 없을 것으로 보인다.

3. 項目選定의 基準

항목선정의 기준을 테마별로 하되 항목을 개방하여 서양철학 이외의 철학을 수용하여 東西의 균형을 꾀한다.

---

14) 참조: <표 1-1> J. Hessen의 철학구분.
15) R. Blazek & E. Aversa. *The Humanities: a Selective Guide to Information Sources*. 3rd ed. Englewood, Col., Libraries Unlimited, 1988. pp. 18-19.

C. 哲學類의 새로운 展開

1. 綱의 設定

DDC와 Hessen의 철학구분 등을 模相으로 할 때, 4개 이상의 공통 綱 또는 同位區分肢로 확인된 것들을 살펴보면 다음과 같다.

DDC	LCC	Hessen의 구분16)	Blazek & Aversa의 구분17)	중앙대 교과과정18)
Metaphysics	Speculative Philosophy Metaphysics Ontology Cosmology	Metaphysik Ontologie	Metaphysics	형이상학
Epistemology, causation, humankind	Epistemology, Theory of knowledge	Erkenntnis-theorie	Epistemology	인 식 론
Logic	Logic	Logik	Logic	기호논리학
Ethics	Ethics	Ethik	Ethics	윤 리 학
	Aesthetics	Aesthetik	Aesthetics	미 학

---

16) 참조: J. Hessen. *Lehrbuch der Philosophie*. Vol.1-3. Muenchen, Ernst Reinhardt Verlag. 1950-1964.

17) R. Blazek & E. Aversa. *The Humanities: A Selective Guide to Information Sources*. 3rd ed. Englewood, Col., Libraries Unlimited, 1979. pp. 18-19.

18) Jaspers와 같이 서양, 인도 그리고 중국철학을 세계철학의 3대 축으로 볼 때, 일찍부터 유학과 도가 등을 통해 중국철학을, 불교를 통해 부분적으로나마 인도철학을, 조선조 중기 이후 동서문화의 교섭을 통해 서양철학을 폭넓게 수용해 온 한국이 세계철학의 정립을 위해 매우 좋은 조건을 갖고 있다고 판단된다. 대학의 교과과정을 모상으로 할 때 이 점이 반영되어야 할 것이다. 한국대학의 교과과정 중에서도 私學이어서 교과편성에서 유연성을 보이고 있으며, 특정 종단이나 단체에 의해 운영되지 않아 오늘날 세계의 철학적 현실을 공평하게 반영하고 있는 대학의 교과과정이 적절할 것이다. 많은 대학들이 있으나 이러한 기준에 의해 선정한 것이 중앙대학교의 철학과 교과과정이다.

이들 가운데서 전 모상에 걸쳐 공통적인 것은 "Metaphysics", "Epistemology," "Ethics"이고 4개의 모상에 걸쳐 공통적인 것은 "Aesthetics"이다.19) "Logic"에 있어서 中央大의 교과과정에서는 "기호논리학"으로 되어 있는데, 그것은 논리학의 한 부분으로서 그 외연을 달리하지만 논리학에 대응시킬 수 있는 분야이다. 즉 논리학의 경우도 4개 이상에서 공통적인 것이 된다. 이들을 새로운 철학류의 전개에서 綱으로 할 때, 선정된綱은 모두 5개가 된다. 거기에다 총류적 성격의 綱 하나를 설정하면 綱의 수효는 6개에 이른다.

이들 綱들은 물론 오늘날 서양철학에서 다루고 있는 테마 영역에 따른 것이지만, 그것들에 해당하는 영역들이 다른 지역의 철학에서도 확인되고 있으며, 앞으로는 이들이 통합되어야 할 성격의 것이어서, 철학 보편의 테마 영역으로 보아도 무방한 것들이다.

綱의 선정 후 문제가 되는 것은 이들의 순서 매김이다. DDC의 綱 순서에는 조정이 있어야 한다는 판단이다. 이 부분은 앞서 Comaromi의 DDC에 대한 綱 순서의 옹호를 비판하면서 잠시 다룬 바 있지만, 전체의 綱을 대상으로 상론할 필요가 있다. 철학에서 가장 초보단계에서 다루는 것은 올바른 사고의 방법을 습득시키는 논리학이다. 그 다음에 오는 것이 그런 방법을 토대로 지식의 근원과 한계를 문제 삼는 인식론이다. 그리고 이와 같은 올바른 사고와 지식의 이론을 섭렵한 후 시도하는 것이 존재, 인간, 자연, 신을 총괄적으로 다루는 形而上學의 정초이다. 이 같은 정초 뒤에 하게 되는 것이 최종적으로 가치를 부여하는 일인데, 윤리학과 미학이 이에 속한다. 대학에서의 철학 교과과정도 대체로 이와 같은 순서로 편성되어 있다.20) "Metaphysics"와 "Epistemology"의 순서를 바꾼 것을 빼면, LCC도 이러한 순서를 따르고 있다. 따라서 綱

---

19) 미학은 철학으로부터의 독립이 예견되지만, 아직은 위의 표와 같이 철학의 핵심분야의 하나로 남아 있다.

20) 참조: 고려대학교 요람(1992-93). 서강대학교 요람(1992-93), 연세대학교 요람(1992-93), 이화여자대학교 요람(1992-93), 중앙대학교 요람(1993-94).

의 순서는 <표 4-2>와 같이 되어야 합리적일 것이다.

<표 4-2> 철학에 있어서 새로운 綱의 순서

Philosophy(General)
Logic
Epistemology
Metaphysics and related disciplines[21]
Ethics
Aesthetics

綱의 선정과 배열에 뒤따르는 것이 분류기호의 부여이다. 여기에서 요청되는 것이 국제통용성과 순서의 개념이다. 어떤 類도 독자적 분류법으로 그 몫을 다할 수 없다. 즉 類 고유의 독자적 분류기호는 존재할 수가 없다. 모든 類나 그 이하의 항목을 포함한 일반적 분류체계 내에서 분류기호를 부여받아야 할 것이나. 새로운 전개가 ICC를 근간으로 하고 있는 한 ICC의 기호체계에 의거, 분류기호를 부여하는 것이 바람직할 것이다. 따라서 철학류의 새로운 전개에서는 ICC에서 철학에 부여한 07을 따르게 된다.

2. 目의 設定

a. "Philosophy(General)"

다른 類들의 경우와 마찬가지로 철학류에도 기존의 어떤 지식구분의 구분지에도 대응하지 않는 총류적 성격의 영역이 있다. 철학에 있어서의 개론, 역사, 사전, 논문집, 학회의 활동 등이 이 영역에 속한다. 이들은 철학의 전 영역에 걸친 총괄적 성격의 것들로서, 각

---

21) "Metaphysics"에 "related disciplines"를 덧붙인 근거는 이하의 "2. 目의 設정" 중 d. "Metaphysics and related disciplines"을 참조.

영역 이를 테면 각 테마나 항목들을 유기적으로 연계하고 통합하는
역할을 한다. LCC의 "B Philosophy(Genera])" 그리고 DDC의 "100
Philosophy"가 이러한 성격의 綱들이다. 이런 綱의 전개에 있어서
기준이 되는 것은 어떤 순수한 지식이론이나 이념이 아니라 실무와
실용적 차원에서의 효율성이다.

　이와 같은 경우를 위하여 대부분의 기존 분류법에서는 형식구분표를
마련해 두고 있다. DDC(제20판)의 표준세분표(standard subdivisions)
와 UDC의 일반형식보조기호(common auxiliaries of form) 및 LCC의
형식구분표(formtables) 등이 그것이다. 다음의 <표 4-3> <표 4-4>
<표 4-5>와 같은 이둘 형식구분은 일반적으로 한 분류표의 어느 부분
에든 적용될 수 있는 助記性 記號를 갖게 된다.22)

<표 4-3> DDC(제20판)의 Standard Subdivisions

01　Philosophy and theory
02　Miscellany
03　Dictionaries, encyclopedias, concordances
04　Special topics
05　Serial publications
06　Organizations and management
07　Education, research, reiated topics
08　History and description with respect to kinds of persons
09　Historical, geographical, persons treatment

<표 4-4> LCC의 "Martel's seven points"에 포함된 일반형식구분23)

1.　General form divisions
2.　Theory, Philosophy
3.　History
4.　Treatises, General works
5.　Law, Regulation, State relations
6.　Study and teaching
7.　Special subjects and subdivisions

22) 정필모. 國際百進分類法研究(Ⅱ) ─ 一般形式區分表의 展開 ─. 미발표자료.

<표 4-5> DDC의 Common auxiliaries of Form[24)]

01
02 Systematically arranged works
03 Alphabetically arranged works
04 Brochures, Addresses, Theses, Letters, Articles, Reports, Abstracts, Notes.
05 Serial publications
06 Publications of organizations (learned societies, associations, institutions, business firms)
07 Works of instruction, study
08 Polygraphies, Collective works
09 Presentation in historical form. Legal and historical sources

ICC에서는 DDC, LCC, UDC의 형식구분을 분석, 그들의 특성과 문제점을 찾아, 이를 바탕으로 현대의 문헌분류에 보다 적절하고 합리적이며 새로운 형식구분표를 도출하고 있다. ICC의 형식구분표를 보면 <표 4-6>과 같다.

<표 4-6> ICC의 Form Divisions 중 Internal Form Divisions[25)]

00 General works
01 Works of specific philosophy, doctrine or theory
02 Historical presentation. History of a subject
03
04 Works of instruction(teaching methods)
05 Research methods
06
07 Relationships with other subjects or disciplines
08 Data processing, Computer applications
09

23) J. P. Immroth. Library of Congress Classification. In: *Encyclopedia of Library and Information Science*. Vol.15 New York, Dekker, 1975. p. 135.
24) *Universal Decimal Glassification*. English Full Edition. 2nd ed. London, British Standards Institution. 1974.
25) 정필모. 國際百進分類法研究(Ⅱ) -一般形式區分表의 展開- 미발표자료. p. 25.

DDC, LCC, UDC의 형식구분과 ICC의 형식구분을 비교해 보면, ICC에는 學際的 주제를 처리할 수 있는 항목과 데이터 처리와 같은 최신 정보 관련 항목이 있어 돋보인다. 그리고 ICC는 DDC, LCC, UDC의 장점을 취하고 단점을 보완할 수 있는 위치에서 출발하여, 다른 어느 형식구분 보다 우수한 것으로 판단된다. 따라서 "Philosophy(General)"는 ICC의 형식구분을 모범으로 하여 다음의 <표 4-7>과 같이 새롭게 전개한다.

<표 4-7> Philosophy(General)의 새로운 전개

```
0700   Philosophy(General)
       Divide by external form divisions26)
0701   Theory of philosophy
0702   History of philosophy
       Including regional philosiophy.
       Divide by geographical divisions27) and chronological divisions28)
0703
0704   Instruction(teaching methods) of philosophy
0705   Research methods of philosophy
0706
0707   Relationships with other subjects or disciplines
0708   Data processing, Computer applications
0709
```

각 지역의 철학은 철학사에서 지역구분과 연대구분을 적용 시킨다. 그리하여 전 세계 모든 지역의 철학이 골고루 반영되어 東西의 균형에 이르게 한다.

---

26) 참조: <부록 1> Form divisions(ICC)의 External form divisions.
27) 참조: <부록 2> Table of geographical divisions(ICC)-Summary.
28) 참조: <부록 3> Chronological divisions(ICC).

b. "Logic"

논리학은 크게 고전논리학과 기호논리학(symbolic logic) 또는 전통적 형식논리학과 기호논리학으로 나눈다. 기호논리학은 현대논리학을 전통적 논리학과 구별할 때 사용하는 말로서 수학적 논리학이라고도 부른다. 논리학은 다른 분야와 달리 명료하게 체계화되어 있을 뿐만 아니라 국제 보편성을 띠고 있는 것으로서, 특정 국가나 문화권의 지역적 영향을 받지 않는다. 그러므로 "Logic"의 전개에 있어서 어떤 논리학 관계 문헌을 典據로 하더라도 국제성이 약화되지 않는다. 논리학 관계 문헌에는 고전논리학을 중심으로 된 것이 있는가 하면, 기호논리학 위주로 편성된 것도 있다. 그 예로 우리나라에는, 고전논리학 중심의 논리학으로 朴鐘鴻의 「一般論理學」29)과 기호논리학 중심의 논리학으로 呂塡根의 「現代論理學」30)이 있다. 이들의 편성을 비교해 보면 <표 4-8>과 같다.

<표 4-8> 「一般論理學」과 「現代論理學」의 내용 비교

「一般論理學」	「現代論理學」	
緖論	序論	
槪念論	古典論理學	名辭
判斷論		命題
直接推理		直接推理
三段論法		間接推理
歸納法		誤謬論
誤謬論	記號論理學	命題論理
記號論理學		限量論理
結論		

이들 가운데서 槪念을 언어로 표현한 것이 名辭이며31) 判斷을 언

---

29) 朴鐘鴻. 一般論理學. 增補修正版. 서울, 博英社, 1991.
30) 呂塡根. 現代論理學. 서울, 大英社, 1980.
31) 朴鐘鴻. 一般論理學. 增補修正版. 서울, 博英社, 1991. p. 28.

어로 표현한 것이 命題일 뿐만 아니라,32) 三段論法은 간접추리에 속
하는 것이므로33) 결국 이들은 공통 항목인 셈이다. 두 문헌에 모두
편성되어 있는 誤謬論도 마찬가지이다. 다른 점이 있다면 「現代論理
學」에 없는 歸納法이 「一般論理學」에 포함되어 있는 점이다. 記號論
理學에서는 「現代論理學」의 체계가 「一般論理學」보다 뛰어나, 그것
을 따르는 것이 좋을 듯하다. 이들 공통 항목 등을 중심으로 目을
설정하면 그 수효는 8개가 된다. 또 고려 대상이 되는 것이 同一律,
矛盾律, 排中律, 充足理由律 등의 一般論理學의 原理들인데, 이것을
하나로 묶어 目 "principles"로 설정하고, 一般論理學과 DDC가 항목
으로 배정한 歸納法을 추가하면 그 전개는 <표 4-9>와 같이 된다.

<표 4-9> Logic의 새로운 전개

```
0710   Logic
0711
0712   Principles
0713   Concept
0714   Judgment
0715
0716   Immediate inference
0717   Mediate inference(deduction)
0718   Induction
0719   Fallacies
0720   Symbolic logic
0721
```

DDC는 "160 Logic"에서도 구분규칙을 위반한 예들이 있다. "165
Fallacies and sources of error"에 포함시켜야 할 "168 Argument
and persuasion"을,34) 그리고 "161 Induction"에 포함시켜야 할

---

32) *Ibid.*, p. 48.
33) 呂塤根. 現代論理學, 서울, 大英社, 1980. pp. 49-82.
34) 朴鐘鴻. 一般論理學. 增補修正版. 서울, 博英社. 1991. p. 179.

”169 Analogy”를[35] 同位 항목으로 배정한 것이 그 예이다. 즉 上下 개념의 혼동에서 비롯하여된 문제점 들이다.

c. "Epistemology"

認識論은 지식의 이론(theory of knowledge)으로서 지식의 성립, 인식의 조건, 근거, 대상, 한계 그리고 진리, 명증성의 성격 등을 다룬다.[36] 그리고 이들 테마 하나하나마다 아주 다양한 이론들이 발전해 왔기 때문에, 그만큼 그 체계화에 많은 논란의 여지를 두고 있는 것이 인식론이기도 하다. 예를 들면 인식의 기원이 이성에 있다는 합리론, 경험에 있다는 경험론이 있는가 하면, 그것들을 종합한 비판론이 있다. 그리고 인식론은 학자의 관점에 따라서 각기 다르게 체계화되기 때문에 교과서적인 전형이 없는 셈이다. 다만 취급 테마에 공통점들이 확인되고 있는데, *The Encyclopedia of Philosophy*에 의하면, Analytic and synthetic statements, categories, causation, certainty, coherence theory of truth, criterion, critical realism, doubt, idealism, intuition, irrationalism, perception, skepticism, solipsism…… 등이 인식론의 테마들이다.[37]

DDC는 121과 122에서 이들을 부분적으로 반영하고 있다. 그러나 이들 테마를 모두 포함하고 있지도 못하며, 개념의 上下 관계에 대한 명확한 구분도 보이지 않았다. 예를 들자면, “121.5 Doubt and denial”은 “121.2 Possibility and limits of knowledge” 下에 배정되어야 할 성질의 것이다. 따라서 많은 테마 가운데 일부를 임의로 선정하여 目이나 細目으로 설정하기보다는 이들을 묶을 수 있는 상위개념

---

35) *Ibid.*, p. 161.
36) *Philosophisches Woerterbuch*. Stuttgart, Alfred Kroener Verlag, 1969. pp. 145-147.
37) R. B. Brandt. Epistemology. In: *The Encyclopedia of Philosophy*. Vol.3. New York, Macmillan, 1967. p. 5.

을 찾아 目으로 설정한 후, 세목의 방향으로 전개하는 것이 바람직할 것이다. 이런 상위개념으로는 인식론의 정의에 따라 지식 일반, 지식의 기원, 본질, 수단. 한계와 대상 그리고 진리의 문제가 있다. 이들 기준에 따르면 Epistemology는 <표 4-10>과 같이 전개된다.

<표 4-10> Epistemology의 새로운 전개

```
0722   Epistemology
0723   Knowledge and belief
0724   Origin, sources of knowledge
0725   Nature of knowledge
0726   Means of knowledge
0727   Limits of knowledge
0728
0729   Objects of knowledge
0730   Truth of knowledge
0731
0732
```

d. "Metaphysics and related disciplines"

형이상학에 어떤 테마를 포함시킬 것인가에 대하여 논란의 여지가 남아있다. 쟁점이 되고 있는 것의 하나는 형이상학과 존재론(ontology)의 관계이다. 존재를 피안적으로 다루는 것이 형이상학이요, 그것을 차안적으로 다루는 것이 존재론인 만큼 이들을 염연히 구변해야할 것이라는 입장이 있는가 하면,38) 그 취급 방식의 차이에도 불구하고 존재 문제 자제가 형이상학적 테마이기 때문에 이들을 응당 포섭관계에서 이해하여야 한다는 입장이 있다.39) 전자의 입장을 반영하여

---

38) 蘇光熙. 存在의 問題. 서울대학교 교양교재편찬위원회 철학분과위원회 편. 哲學槪論. 서울, 서울대학교 출판부, 1984. pp. 263-269.

39) *Philosophisches Woerterbuch*. Stuttgart, Alfred Kroener Verlag, 1969. p. 399.

"Metaphysics"와 "Ontology"(그리고 "Cosmology")를 同位의 항목으로 배정하고 있는 것이 LCC이며, 후자의 입장에서 "Ontology"와 "Cosmology"를 綱 "Metaphysics" 아래 目으로 배정하고 있는 것이 DDC이다.

이들 가운데서 그 탐구 대상과 사상의 뿌리에 비추어 보아 더 일반적이고 전통적인 것은 후자이다. 특히 철학을 크게 세분하지 않고 포괄적으로 이해할 때 그렇다. 참고로 Kroener 판 *Philosophisches Woerterbuch*에 의하면 형이상학은 크게 존재 자체에 대한 가르침인 存在論, 세계의 본질에 대한 가르침인 宇宙論, 인간에 대한 가르침인 철학적 인간학과 실존철학, 신의 본질과 실존에 대한 가르침인 神論 (theology)[40]으로 나뉜다. 그리고 형이상학은 무엇보다도 존재. 無. 자유, 불멸, 신, 生, 힘(力), 물질, 진리, 영혼, 生成(세계), 정신, 자연 등을 다룬다.[41]

DDC가 두 번째 입장을 반영하고 있다고 했지만 目의 설정 등에서는 그것에 충실하지 않았다. DDC는 형이상학적 테마인 "Humankind" 즉 철학적 인간학을 "110 Metaphysics"가 아니라 "120 Epistemology, causation, humankind"에 특별한 원칙 없이 배정하여 兩分시켰을 뿐만 아니라 인식론의 영역을 제한하였다. 110下에 배정된 것은 "111 Ontology", "113 Cosmology (Philosophy of science)", "114 Space", "115 Time", "116 Change" "117 Structure", "118 Force and energe", "119 Number and quantity" 뿐이다. 그나마 구분의 원칙을 준수하지 않고 "Cosmology"의 下位 주제로 다루어야 하는 "Space"와 "Time" 그리고 "Change" 등을 "Cosmology"와 同位의 目으로 설정하고 있다. 그리고 "123 Determinism and indeterminism", "124 Teleology", "126 The self", "128 Humankind", "129 origin and destiny of individual souls" 등 형이상학적 주제를 綱 120 하에 배정함으로써 형

---

40) 신학과 구별하기 위해 神論으로 번역.
41) *Philosophisches Woerterbuch. op. cit.* p. 399.

이상학적 논의의 일관성과 통일성을 크게 훼손하였다. 綱 110 하에 공기호를 두고 있는 것으로 보아, 이것은 항목을 10개로 제한하여야 하는 십진식 전개 때문에 불가피했던 것이 아니라, 형이상학적 테마의 上下 관계를 제대로 이해하지 못한데서 비롯하여 된 결과로 보인다.

LCC는 DDC의 "Metaphysics"를 三分한 후, "ontology"에서 "Soul" 과"Immortality"를, "Cosmology"에서 "teleology, space and time, atomism"을 다룬다고 명시하고 있다. 이들 모두는 형이상학에 포함시킬 수 있는 것들인데. 이렇듯이 上下관계가 매우 혼란스럽게 설정되어 있다. 따라서 개념의 上下 관계를 중심으로 새로운 目의 설정에 임하여야 할 것이다.

주제를 나누는 방식과 사용하고 있는 개념이 다를 뿐 DDC, LCC 와 Kroener판 사전의 형이상학 관계 주제들은 내용에서 중첩된다. 이들 가운데서 항목으로는 통합적 개념이 적합할 것이다. Kroener판 사전의 주제들이 이런 성격의 것들이다. 이를 데면 Kroener판 사전의 자연(Natur)은 DDC의 "113 Cosmology" 뿐만 아니라 "114 Space" 등을 포괄하고 있고, LCC의 "Cosmo-logy"에서 다루도록 되어 있는 "teleology" 등에 비해 통합적이다.

綱名 또한 통합적 의미를 살려 "Metaphysics"를 고수할 수도 있겠으나, "ontology"를 차변화하려는 현실을 수용하고, 그런 방향을 시사하기 위해 "Metaphysics and related disciplines"로 하는 것이 합리적인 대안이 되지 않을까 한다. 이에 따라 만들어진 "Metaphysics and related disciplines"의 새로운 전개는 <표 4-11>과 같다.

<표 4-11> Metaphysics and related disciplines의 새로운 전개

0733   Metaphysics and related disciplines
0734
0735   Being
0736   Nonbeing
0737

```
0738    Freedom
0739
0740    God
0741
0742    Life
0743
0744    Soul
0745    Mind
0746    Immortality
0747
O748    Nature
0749
0750    Energy
0751
0752    Matter
0753
0754  Becoming
0755
0756    Truth
0757
0758
```

e. "Ethics"

　윤리학은 사람들이 지켜야 할 행위의 규범을 다룬다. 사람은 이
때 사회적 존재로 규정되며, 가족, 직업의 세계, 사회 그리고 국가와
의 관계 속에서 이해된다. 따라서 윤리학은 儒家의 五倫이나 기독교
의 십계명과 같이 실천적 성격이 매우 두드러진 철학의 한 분야이
다. 그러나 學으로서의 철학 내에서의 관심은 윤리적 규범의 유래,
윤리판단의 기준, 윤리적 가치, 그 가치의 체계 등 이론적 부분에
향해 있다. 윤리학은 이론적 부분과 실천적 부분으로 나누어지는데,
후자를 응용윤리학(applied ethics) 또는 사회윤리학(social ethics)으
로 부르기도 한다. DDC 170의 目은 이런 기준에 따라 설정되었다.
전자와 후자의 배정 비율은 2 : 8로 되어 있는데, 이것은 DDC가 學
的 이론 체계로서의 윤리학 보다는 그것의 실제적 응용부분에 역점

을 두고 있음을 말해준다. 2 : 8의 균형은 대체로 타당한 것으로 보인다. 따라서 DDC에 있어서 테마별 綱 가운데서 가장 비판의 여지가 없는 것이 "Ethics"라는 견해이다.

근자에 와서 낙태, 장기이식, 안락사, 죽음의 판정, 자살, 인간복제 가능성 문제를 둘러싼 생명윤리학(Bio-ethics)이 크게 대두되고 있다.42) 이 관계 학술회의도 빈번하고, 문헌출판 또한 급증하고 있다. DDC는 이런 문제들을 目 "174 Economic, professional, occupational ethics" 아래에 배정하고 있는데, 오늘날 부각되고 있는 생명윤리학의 비중에 못 미치고 있다. 거기에다가 낙태와 같은 항목은 179下에 분산 배정하고 있다. 이 보다는 생명윤리관계 항목들을 체계화하여 目으로 격상시키는 것이 바람직할 것이다. 그리고 目 "178 Ethics of consumption"을 下向 조정하여, "174" 下로 移置시키면, 두 綱의 성격도 일목요연해지고, 전체 균형도 잡히는 개선을 가져 올 것이다. DDC의 골격을 받아들이되, 이와 같은 부분에서 수정을 가하고 순서를 이론에서 실천으로, 실천부분을 생명에서 개인을 거쳐 국가에 이르는 순차적 방식에 따라 조정하면 Ethics는 <표 4-12>와 같이 전개된다.

<표 4-12> Ethics의 새로운 전개

0759 Ethics (Moral philosophy)
0760 Theories and tendencies in ethics
0761
0762 Bio-ethics
0763
0764 Ethics of sex and reproduction

---

42) Bio-ethics는 오늘날 대학의 교과과정에도 반영되고 있다. 특히 歐美의 대학에서 이 분야의 연구가 활기를 띠고 있다. 그 예의 하나가 University of Wollongong이다. 그 대학의 강의개요를 소개하면 다음과 같다. "Phil. 380 Bioethics Topics: euthanasia, abortion, experimentation involving human subjects, organ transplantation, genetic engineering." In: University of Wollongong Calender. 1994.

0765 Ethics of recreation and leisure
0766
0767 Ethics of family relationships
0768
0769
0770 Ethics of social relations
0771
0772
0773 Economic, professional, occupational ethics
0774 Political ethics
0775 Other ethical norms
0776

f. "Aesthetics"

美學은 철학류에서 그 전개가 가장 난해한 분야이다. 이 난해성은 무엇보다도 미학 자체의 학문적 성격과 그 일천한 역사에서 비롯하여된 초기적 혼란에서 기인한다. 오늘날 미학은 문예미학, 음악미학, 연극미학, 무용미학, 복식미학, 영상미학, 무대미학, 예술사회학, 도상학연구, 예술학, 미술비평, 서화, 음향학, 비평철학 등을 포함한다.43) 이처럼 그 취급 테마가 백과전서적 이어서 어떤 단일한 기준에 의한 성격 규정이 매우 어려운 현실이다.

그 역사 또한 다른 인문과학에 비하여 현저히 짧다. 오늘날 우리가 사용하고 있는 의미의 미학은 18세기 독일의 철학자 A. G, Baumgarten에 의해 정초된 것으로서 아직 성장 단계에 있다는 것이 일반적인 견해이다. 미학을 바람이 어디에서 불어오는가에 따라서 방향을 바꾸는 풍향계에 비유하는 학자도 있다. 즉 바람의 방향에 따라서 형이상학적 경향 또는 경험과학적 성격을 띠기도 하고, 규범적인 것이 되는가 하면 記述的인 것이 되기도 한다는 것이다.44) 이

---

43) 서울대학교 미학과 학부와 대학원(1993), 홍익대학교 미학과 대학원(1990 -91) 교과과정 참고.
44) J. Hessen. *Lehrbuch der Philosopohie*. Vol. 2. Muenchen, Ernst

렇듯 미학은 아직 未完의, 불안정한 상태에 있다. 이를 뒷받침이라도 하듯이 미학에서는 교과서적인 전형이나 체계 그리고 영역 구분을 찾아볼 수 없다.

앞서서 미학의 주제들을 살펴보았지만, 그것들은 철학의 영역 밖 즉 美學科에서 구체적으로 다루는 응용적 차원의 것들로서 철학류 전개의 근거로서는 부적절한 일면을 갖고 있다. 예컨대 美學으로 부르기는 하지만, 복식미학이나 예술사회학 등은 이미 철학적 문제가 아니다. 철학에서는 오히려 이들 테마들을 떠받치고 있는 이론이나 이념을 다룬다. 이러한 차이 때문인지, 최근에 들어 철학에서는 미학이라는 말 대신에 藝術哲學이라는 용어를 선호하는 경향을 보이고 있다.

미학이 아직 未完의 상태에 있고 그 성격이 유동적이어서 綱의 전개에 어려움이 있는 것이 사실이지만, 그 전개의 근거가 전혀 없는 것은 아니다. 美學 관계 문헌에 소개되고 있는 연구대상 또는 영역이 그 예가 될 것이다. 그러나 이 보다 더 실제적인 것은 대학의 철학과 교과목 내용이 될 것이다. 대부분 대학의 철학과에 美學 또는 예술철학이 교과목으로 개설되어 있는데, 대체로 교과목 내용을 통해 美學의 연구대상, 영역 등을 세분하고 있어, 美學의 체계구성 또는 지식의 영역구분을 개략적으로나마 가능케 하고 있다. 반론의 여지가 있을 수 있겠으나 현재로서는 이들이 美學의 구분이나 전개에 유력한 근거가 될 것이라는 판단이다, 이에 몇몇 대학을 다음과 같이 임의로 선정하여 美學의 연구대상, 과제 등을 살펴보고자 한다.

① 미국의 Duke대학은 "PHL. 102 Aesthetics: The Philosophy of Art"에서 미학이 美의 개념, 예술활동, 예술의 기능, 예술과 사회, 예술작품의 분석 그리고 예술비평을 연구대상으로 하고 있음을 밝히고 있다.45)

Reinhardt Verlag, 1959. p. 221.

② 미국의 Georgetown대학 또한 "226 Philosophy of Art"에서 예술과 모방, 예술과 자연, 예술적 표현과 창조성의 성격, 사회와 예술의 관계를 교과목의 내용으로 하고 있음을 천명하고 있다.46)

③ 우리나라 梨花女子大學校도 개설 과목 "Ag 355 예술철학"에서 예술 작품의 개념, 평가, 해석을 비롯하여하여 예술 작품의 유일성, 역사와 사회와의 관계, 예술의 순수성, 인간 활동에 있어서의 예술의 위치를 고찰한다고 밝히고 있다.47)

④ 숭실대학의 요람에서도 "예술철학"이 예술의 본성, 예술가와 창작, 향수자의 해석, 그리고 美의 유형 등을 다룬다고 쓰고 있다.48)

⑤ 서울대학교 요람에도 美學이 미와 예술에 대한 순수한 이론과 응용적 부분을 탐구할 뿐만 아니라 문화, 예술의 향상을 위한 비평 활동을 수행하는 분야임을 명시하고 있다.49)

그런가 하면 New Standard Encyclopaedia도 美學의 항목에서, 그 것의 취급과제로서 美의 본질, 예술의 본질 그리고 예술의 가치를 들고 있다.50)

이들 테마들을 종합하여 보면 美學은 크게 美의 개념과 본질, 예술 활동, 예술의 기능·해석 그리고 가치·사회적 효용 등을 다루는 학문으로 이해된다. 이들은 다시 그 과제의 성격에 따라 좀 더 세분될 수 있다. 美學관계 문헌들이 모두 이와 같은 기준에 의해 분류될

---

45) *Bulletin of Duke University 1984-85*. p. 203.
46) *Georgetown University Bulletin 1984-85*. p. 213.
47) 이화여자대학교 대학안내 1991.
48) 숭실대학교 대학요람 1993-94.
49) 서울대학교 요람 1990-91.
50) *New Standard Encyclopaedia*. v.4. Chicago, Standard Educational Cooperation, 1981. p. 214.

수 있는지, 그런 분류에 문제점은 없는지 검토의 대상이 되고 있고, 다른 어느 綱 보다도 실험적인 성격이 두드러져 있지만, 앞서서의 테마 순서에 따라서 <표 4-13>과 같이 전개할 수 있을 것이다.

<표 4-13> Aesthetics의 새로운 전개

```
0777  Aesthetics
0778
0779  The concept and nature of beauty0780
0781
0782  The work of art
0783
0784  The nature of art
0785  The analysis of art
0786  The function of art
0787  The value of art
0788  Political role or social value of art
0789  Criticism in the arts
0790
```

3. 細目의 設定

細目의 전개는 이미 설정된 綱과 目의 테두리 속에서 일관된 방향으로 추진된다. 그러나 모든 目에서 細目 전개가 필요한 것은 아니다. 즉 철학류의 경우 그 성격과 지식구분의 정도에 따라 目 이하의 전개가 필요한 綱과 그렇지 않은 綱이 있다. DDC도 이러한 점을 잘 반영하고 있다. DDC 제20판을 보면, 7개의 순수철학 관계 綱 가운데서 綱 ">0"은 目까지만 전개하고 있다. 이러한 目까지의 한정은 합리적인 것으로서 새로운 철학류 전개에 있어서 전형이 된다. DDC의 "121 Epistemology(Theory of knowledge)"의 경우도 7개의 細目 가운데서 "121. 6 Nature of inquiry"만을 세목 2자리까지 전개하여 3개의 항목을 두고 있는데, 이것도 새로운 분류법에서 目

이 綱으로, 細目이 目으로 상향 조정되므로, 새로운 전개에서는
"0722 Epistemology"도 目까지의 전개로 충분하게 된다. 새로운 綱
으로 설정된 "0777 Aesthetics"의 경우 또한 그 학문의 역사가 짧
고, 지식체계가 비교적 단순하여 目이하의 전개가 아직은 필요하지
않은 것으로 평가된다. 이렇게 되면 위에서 소개한 3개의 綱이 目이
하의 세분 전개의 대상에서 제외된다. 그 외의 綱들은 해당 目의 특
성에 따라서 다음과 같이 전개된다.

a. "0733 Metaphysics and related disciplines"

1) "0735 Being"
사전적 정의에 따르면 존재론은 존재자를 그 자체에 있어서 보편
적으로 규정하는 학문으로서 존재 규정, 원리, 구조, 범주와 같은 형
식적 테마와 존재의 層構造的 이해와 動態的 파악 등을 문제로 삼는
실질적 테마를 다룬다.
UDC에서는 존재론 항목이 따로 배정되어 있지 않으며, DDC도
위와 같은 영역 구분에 유념하지 않고 "Nonbeing", "Properties of
being" 등 몇 개의 존재론적 개념을 임의로 선정, 나열하는데 그치
고 있다. 이러한 방식으로는 존재론 전체를 균형 있게 파악할 수도
없으며 체계화할 수도 없다. 따라서 이미 학계에서 일반적으로 수용
하고 있는 <표 4-14>와 같은 전개가 존재론의 새로운 대안이 될 수
있을 것이다.

<표 4-14> "0735 Being"의 새로운 細目전개

```
0735   Being
    .1   Formal ontology
    .2   Material ontology
```

2) "0740 God"

계시종교와 달리 철학에서는 먼저 神의 존재 여부를 논증한다. 지금까지 이에 대한 여러 입장, 이를 테면 신은 존재하되 그 수에서 하나이다. 아니다. 여럿이다; 신은 人格的 존재이다. 그렇지 않다, 비인격적인 존재이다. 신은 超越的 존재이다. 어불성설이다. 신은 내재적 존재이다; 신은 존재하지 않는다: 신의 존재 여부를 우리는 알 수 없다는 입장 등이 있어 왔다. 이렇듯 신에 대한 표상 내용이나 입장은 다양하지만, 이들은 신이 존재한다는 有神論, 신은 존재하지 않는다는 無神論 그리고 유한한 존재인 인간으로서는 신의 존재 여부를 알 길이 없다는 不可知論으로 집약된다. 따라서 "God"은 이들 세 입장을 바탕으로 <표 4-15>와 같이 전개되어야 할 것이다.

<표 4-15> "0740 God"의 새로운 細目전개

```
0740   God
    .1   Theism
    .2   Jtheism
    .3   Agnosticism
```

3) "0748 Nature"

A. E. Taylor에 의하면 cosmology가 문제로 삼고 있는 테마에 ⓐ extension, ⓑsuccession, ⓒ space, ⓓ time, ⓔ number, ⓕ magnitude, ⓖ motion, ⓗ change, ⓘ quality, ⓙ matter, ⓚ force, ⓛ causality, ⓜ interaction, ⓝ thinghood 등이 있다.[51] R. Hancock도 오늘날의 형이상학적 테마를 소개하면서 거기에 ① thing, ② property, ③ event, ④ the distinctions between particulars and universals, individuals and classes ⑤ the nature of relations, ⑥ change, ⑦ causation, ⑧ matter, ⑨ space, ⑩ time 등 우주론적 테마들을 포함시키고 있다.[52]

---

51) M. K. Munitz. Cosmology. In: *The Encyclopedia of Philosophy*. Vol. 2. New York, Macmillan, 1967. p. 238.

이들은 모두 우주론적 테마로 널리 인정되어 온 것들이다. 그런데 cosmology와 nature는 교환 가능한 개념이다. Kroener판 철학사전에서 cosmology 대신에 nature를 형이상학적 주제로 분류한 이유가 여기에 있다. 따라서 항목명은 좀 더 포괄적인 개념인 "nature"로 하는 것이 합리적이다. 위의 두 열거에서 일치하는 테마는 space, time, change, matter, causality, thinghood 등이다. 나머지 테마들은 그 명칭이 다를 뿐 내용에서는 일치하거나 유사하다. 예를 들면 ⓑ는 ⑤와, ⓔ는 ④와 그리고 ⓘ는 ②와 같은 내용의 테마이거나 같은 연관에서 다루어지는 것들이다. ⓐ의 extension은 space와 time과의 관계에서 논의되어야 할 성질의 것이다. 그리고 space와 time은 구체적으로는 time-space라는 하나의 테마로 간주된다. 이 점을 고려하여, 일치하고 있는 테마와 유사한 테마를 우선 細目으로 설정하고, space와 time을 묶어 細目으로 하면 "Nature"는 다음 <표 4-15>과 같이 세분 전개된다. 그리고 그 명칭은 짧고 일반적인 것으로 하고, 순서는 선후의 논리적 관계를 고려하여 Hancock의 것으로 하면 될 것이다. 그 외의 테마는 "0748.9" other cosmological themes" 아래에 두면 된다.

<표 4-16> "0748 Nature"의 새로운 細目전개

0748　Nature
　　.1　Thinghood
　　.2　Property
　　.3　Number
　　.4　Relations
　　.5　Change
　　.6　Causality
　　.7　Matter
　　.8　Time-space
　　.9　Other cosmological themes

52) R. Hancock, Metaphysics, History of. In: *The Encyclopedia of Philosophy*. Vol. 5. New York, Macmillan, 1967. pp. 289-290.

b. "0759 Ethics"

"0759 Ethics"에서 새로운 細目의 전개가 요청되는 目은 "0760"
과 "0762" 그리고 "0767"이다. 그 외의 目들은 이 주제에서 그 우
수성이 입증된 DDC의 예를 따르면 될 것이다. "0760 Theories and
tendencies in ethics"의 모범이 될 수 있는 것은 UDC의 理論, 主義
관계이기 때문이고,53) "0762 Bio-ethics"의 전개에 있어서는 관계
항목의 조정, 추가 등이 요구되고 있기 때문이다. 또 "0767 Ethics
of family relationships"의 경우는 그 중요성에 비추어 보아 DDC의
目 아래에 예로서 열거하고 있는 테마들을 細目으로 설정하여 전개
하는 것이 바람직해 보이기 때문이다.

DDC 체계를 따르되, 세목 2, 3자리로 배정된 몇 개의 항목들은
그 독자적 성격이 미미한 것들이어서 상위 항목에 귀속시켜야 할 것
이다. 지나친 세분에서 비롯하여되는 현실 적응력 상실을 막고 전개
를 효율적으로 수행하기 위해서이다. 細目 전개가 필요한 目들의 전
개는 <표 4-17>과 같다.

<표 4-17> "0760, 0762, 0767"의 새로운 細目전개

0760   Theories and tendencies in ethics
    .1 Conception, task and methods of ethics
    .2 Nature of the moral. Moral facts
    .3 Ethical tendencies and standpoints

0762   Bio-ethics
    .1   Hippocratic oath
    .2   Questions of life and death
    .3   Innovative procedures
    .4   Economic questions
    .5   Experimentation

---

53) 이 점에서 UDC가 DDC 보다 더 체계적인 것으로 판단된다.

.6 Respect and disrespect of human life

0767 Ethics of family relationships
    .1 Marriage
    .2 Divorce
    .3 Separation
    .4 Parent-child relationship
    .5 Sibling relationship

4. 哲學類의 새로운 展開表

이상에서는 綱을 먼저 설정하여 골격을 마련한 후 目을, 그리고 그것을 토대로 다시 細目을 각각 별도로 설정하는 방향으로 철학류 전개를 꾀하였다. 이렇게 하여 완성된 철학류의 새로운 전개표를 총괄하면 <표 4-18>과 같다.

<표 4-18> 철학류의 새로운 전개표

0700 Philosophy(General)
    Divide by external form divisions
0701 Theory of philosophy
0702 History of philosophy
    Including regional philosophy.[54]
    Divide by geographical divisions and chronological divisions
0703
0704 Instruction(teaching methods) of philosophy
0705 Research methods of philosophy
0706
0707 Relationships with other subjects or disciplines
0708 Data processing. Computer applications
0709
0710 Logic
0711
0712 Principles
0713 Concept
0714 Judgment

0715
0716   Immediate inference
0717   Mediate inference(dudction)
0718   Induction
0719   Fallacies
0720   Symbolic logic
0721
0722   Epistemology
0723   Knowledge and belief
0724   Origin, sources of knowledge
0725   Nature of knowledge
0726   Means of knowledge
0727   Limits of knowledge
0728
0729   Objects of knowledge
0730   Truth of knowledge
0731
0732
0733   Metaphysics and related disciplines
0734
0735   Being
   .1   Formal ontology
   .2   Material ontology
0736   Nonbeing
0737
0738   Freedom
0739
0740   God
   .1 Theism
   .2 Atheism
   .3 Agnosticism
0741
0742   Life
0743
0744   Soul
0745   Mind
0746   Immortality
0747
0748   Nature
   .1   Thinghood

.2   Property
.3   Number
.4   Relations
.5   Change
.6   Causality
.7   Matter
.8   Time-space
.9   Other cosmological themes
0749
0750   Energy
0751
0752   Matter
0753
0754   Becoming
0755
0756   Truth
0757
0758
0759   Ethics(Moral philosophy)
0760   Theories and tendencies in ethics
.1   Conception, task and methods of ethics
.2   Nature of the moral. Moral facts
.3   Ethical tendencies and standpoints
0761
0762   Bio-ethics
.1   Hippocratic oath
.2   Questions of life and death
.3   Innovative procedures
.4   Economic questions
.5   Experimentation
.6   Respect and disrespect of human life
0763
0764   Ethics of sex and reproduction
.1   Prostitution
.2   Obscenity
.3   Obscenity in literature
0765   Ethics of recreation and leisure
.1   Radio, television, motion pictures, circuses
.2   Theater, opera, musical performances
.3   Dancing

    .4 Athletics and games of ski
    .5 Games of chance
    .6 Human and animal combat
    .7 Racing
    .8 Recreational reading
    .9 Betting
0766
0767 Ethics of family relationships
    .1 Marriage
    .2 Divorce
    .3 Separation
    .4 Parent-child relationship
    .5 Sibling relationship
0768
0769
0770 Ethics of social relations
    .1 Courtesy, politeness, hospitality
    .2 Conversation, gossip
    .3 Slander, flattery, truthfulness, lying
    .4 Personal appearance
    .5 Slavery and discriminator practices
    .6 Friendship and courtship
    .7 Love
0771
0772
0773 Economic, professional, occupational ethics
    .1 Clergy
    .2 Medical professions
    .3 Legal professions
    .4 Trade, manufacture, finance(Business ethics)
    .5 Gambling business and lottery management
    .6 Consumption
    .7 Other professions and occupations
0774 Political ethics
    .1 Relation of individuals to the state
    .2 Duties of states and governments
    .3 International relations
0775 Other ethical norms
0776
0777 Aesthetics

```
0778
0779   The concept and nature of beauty
0780
0781
0782   The work of art
0783
0784   The nature of art
0785   The analysis of art
0786   The function of art
0787   The value of art
0788   Political role or social value of art
0789   Criticism in the arts
0790
```

지역별 철학은 "0702 History of philosophy" 하에서 ICC의 지역 구분표와 연대구분표를 적용하여 <표 4-19>와 같이 전개한다.

<표 4-19> 지역별 철학의 전개 예

```
0702.11   Great Britain. Republic of Ireland(Eire)
     .12   Scandinavia. Sweden. Norway. Denmark. Iceland.
     .13   Netherlands. Belgium. Luxembourg
     .14   Germany
     .15   France. Monaco. Corsica
     .16   Switzerland. Liechtenstein. Austria
     .17   Spain. Andorra. Balearic Islands
     .18   Portugal. Gibraltar
     .19   Italy. San Marino. Vatican City. Sardinia. Sicily. Malta
     .21   Finland. Lithuania. Latvia. Estonia
     .22   Russia. Siberia
     .23   Central Asia. Moldavia. Georgia. Armenia. Azerbaijan.
           Kazakh. Turkmen. Uzbek. Tadzkik. Kirghiz
     .24   Poland. Belorussia
     .25   Ukraine
     .26   Czecho. Slovakia. Hungary
     .27   Rumania. Bulgaria
```

---

54) 참조: <표 4-19> 지역별 철학의 전개 예.
55) ICC의 Chronological Divisions에 의거하여 전개된 예.

.28 Yugoslavia
.29 Greece. Turkey in Europe. Albania. Crete
.30 Asia. Far East
.31 Northeast Asia
.32 Mongolia
.33 China
…
.37 Tibet and SinKiang. Uighur. Autonomous Region
.38 Korea[55]
    (-6) Ancient philosophy
    (-1) Philosophy of the Three Kingdoms
    (10c) Philosophy of the Koryo Dynasty
    (14c) Philosophy of the Chosun Dynasty
    (191) Philosophy of colonial period
    (194) Philosophy of the Republic of Korea
.39 Japan
.40 South and Southeast Asia
.41 Afghanistan
.42 Pakistan
.43 India. Northern India
.44 Southern India. Maldives. Sri Lanka
.45 Nepal. Bhutan. Bangladesh
.46 Burma(Miyanma). Thailand
.47 Laos. Vietnam. Cambodia
.48 Philippines. Brunei
.49 Malaysia. Singapore. Indonesia
.50 Africa. Northern Africa and Middle East
.51 Morocco. Algeria
.52 Tunisia. Libya
.53 Egypt
.54 Sudan
.55 Ethiopia. Somalia. Djibouti
.56 Oman. Saudi Arabia. Yemen. South Yemen
.57 Arabian Peninsula. Israel. Jordan. Lebanon. Cyprus. Turkey
.58 Syria. Iraq. Kuwait
.59 Iran
.60 Southern Africa. Canary Islands. Western Sahara.
    Mauritania
.61 Mali Senegal. Gambia. Guinea-Bissau. Guinea. Sierra Leone.
    Liberia

.62 Ivory Coast. Ghana. Togo. Benin. Burkina Faso. Niger
.63 Nigeria. Cameroon. Chad. Central African Republic
.64 Equatlorial Guinea. Gabon. Congo. Zaire
.65 Uganda. Kenya. Tanzania. Rwanda. Burundi
.66 Angola. Zambia, Malawi
.67 Namibia. Botswana. Zimbabwe
.68 South Africa. Lesoutho. Swaziland
.69 Mozambique. Madagascar. Comoros Islands
.70 North America
.71 Canada
.72 United States.
...

.78 Middle America Mexico
.79 Central America
.80 South America
.81 West Indies. Bermuda
.82 Colombia. Ecuador
.83 Venezuela
.84 Guyana. French Guiana. Surinam
.85 Brazil
.86 Peru
.87 Bolivia. Paraguay
.88 Chile
.89 Argentina. Uruguay
.90 Other parts of world and extraterrestral worlds. Pacific
     Ocean islands
.91 Australia
.92 New Zealand
.93 Melanesia. New Guinea

結　論

　지금까지의 논의는 우선 분류 일반의 이론과 근거 문제에서 시작하여, DDC를 비판적으로 검토, 그 장단점을 확인한 후 UDC가 그 대안으로서 적합한가 묻는 방향으로 진행되었다.

　논의의 과정에서 DDC와 UDC가 많은 장점에도 불구하고 적지 않은 문제점 또한 내포하고 있어, UDC가 DDC의 대안이 될 수 없음은 물론, 이들 모두가 이상적 분류법이 되기에는 부족하다는 결론에 이르렀다.

　다음으로 새로운 분류법 창안에 대한 당위성에 따라, 철학류를 선택하여 새로운 전개를 꾀하게 되었다. 이 전개에서 DDC와 UDC의 장점, 이를 테면 국제 통용성이 큰 번호 체계와 무한한 전개 가능성을 수용하고, 논의에서 드러난 결함들을 보완할 방법을 모색하게 되었다. 논의는 자연스럽게 ICC로 발전하여 백진식 전개의 가능성과 타당성 여부를 검토하게 되었다.

　끝으로 ICC 체계를 수용하여, 철학류의 새로운 전개에 착수하게 되었다. 이 전개가 전적으로 새로운 것은 아닐지라도 구성과 전개방식 등에서는 새로운 면모를 보여 주고 있어, 연구의 정당성을 입증하고 있다는 自評이다.

　이상의 연구 결과로 창안 된 것이 <표 4-18> 철학류의 새로운 전개표이다. 철학류의 새로운 분류법의 전개 원리와 구성 및 특성을 요약하면 다음과 같다.

　① DDC는 최근판에 이르기까지 철학과 심리학 그리고 유사심리

학 등을 동일류에 포함시킴으로써, 그 구성이 불합리하다는 비판을 받아 왔다. 철학류의 새로운 전개에서는 백진식 전개 방식에 따라 철학으로부터 심리학 등을 분리시킴으로써 철학류의 순수성을 확보하였다. 뿐만 아니라 백진식을 택함으로써 분류 기호가 지나치게 길어지는 십진식 한계를 벗어나 비교적 짧은 번호 체계로서 체계적이고 이용에 편리한 배열이 되게 하였다.

② DDC는 창안 당시의 지식 구분이 아니라 250여 년 전에 완성된 Bacon의 구분에 따라 고안 되었고 그 이후 오늘날까지도 그 골격은 달라지지 않았다. 이 때문에 DDC의 철학류는 현실에 맞지 않는 문제들을 지니지 않을 수 없게 되었다. 철학류의 새로운 전개에서는 현행지식 구분과 대학에서의 교과 과정 등에 의거하여 綱의 순서를 합리적으로 재조정하였다. 특히 논의나 학습에서의 선후 관계를 고려, 관심의 일관성 있는 진행에 따라서 綱을 배정하였다. 綱과 目의 설정에 앞서 해당 분야의 주제를 검토하여 그 이론적 근거를 제시하였다. 이 과정에서 오늘날 논의되는 문제들을 수용, 항목 설정에 반영함으로써 최신성을 유지하였을 뿐만 아니라 그 설정의 논리를 강화하였다.

③ DDC는 철학에서 인식론, 형이상학 등과 더불어 핵심 분야의 하나로 간주되고 있는 미학을 철학의 주제 구분에서 제외하였다. 그간 많은 학자들이 DDC의 이러한 조처를 비판하여 왔다. 철학류의 새로운 전개에서는 미학을 독립 綱으로 설정함으로써 오늘날 철학의 현실을 균형 있게 반영하였다.

④ 철학류의 새로운 전개에서는 현상학적 방법인 "자유로운 변경"을 채용하여 좀 더 명료하며 과학적인 방법론을 적용하였다. 특히 綱의 설정에서 이 방법을 사용하였다. 目 이하에서는 이 방법과 항

목의 논리적 배열의 방식을 병용, 필요한 모든 구분지를 항목으로 배정하여 누락이 없도록 하였다. 이 변경에서 模相을 다양화하여 항목 선정의 근거를 다변화했을 뿐만 아니라 현실화하였다.

⑤ 구미 중심적 편협성을 극복하기 위하여 철학의 보편적 주제를 항목으로 우선 설정하였다. 지역 철학은 철학사 아래에서 지역 구분표와 연대 구분표에 의거하여 반영하였다. 이로써 철학에서의 주제의 보편성과 특수성간의 균형을 뒷받침할 수 있게 되었다. 특히 철학사 관계 항목을 총류적 성격의 항목들과 같이 설정하여 여타의 주제별 항목과 차별화했기 때문에 그 성격이 뚜렷할 뿐만 아니라 2중 기준의 적용에서 오는 분류의 혼란을 제거할 수 있었다.

이렇게 하여 완성된 철학류의 새로운 분류법은 실험적 성격을 갖고 있다. 그것이 거듭 검토, 비판되고 수정되어야 할 것이라는 의미에서 그러하다. 그리고 주제 구분에서 東·西 등의 구분을 없앤 것으로 논의는 종결된 것이라고 하더라도, 그 실제 적용은 실무적 차원의 과제로 남게 되었다.

參 考 文 獻

堀內郁子. メルウィル・テュ-イ. In: *Library and Information Science*. No. 12(1974) pp. 143-153.

宮坂逸郎, 河野德吉 共編. 資料の分類. 東京, 雄山閣, 1978.

朴玉花. 우리나라에 있어서 철학류의 분류 문제. 도서관. 제47권, 제5호 (1992, 9. 10) pp. 3-22.

朴玉花 지식분류의 역사적 고찰. 충남대학교 사회과학연구소 논문집. 제3권 (1992, 12.) pp. 25-45.

朴鐘鴻. 一般論理學. 增補修正版. 서울, 博英社, 1991.

蘇光熙. 存在의 問題. 서울대학교 교양교재편찬위원회 철학분과위원회편. 哲學槪論. 서울, 서울대학교 출판부,1984. pp. 259-342.

小倉親雄, アメリカ圖書館 思想の研究. 東京, 日本圖書館協會, 1977.

安浩相. 인식론. 世界哲學大事典. 서울, 교육출판공사, 1980. pp. 909-911.

呂損根. 現代論理學. 서울, 대영사, 1980.

李相殷. 中國哲學. 世界哲學大事典. 서울, 교육출판공사, 1980. pp. 1027-1032.

정필모. 國際百進分類法研究(I)－ICC에 있어서 主類의 設定과 그 展開 一
    중앙대학교 문헌정보학보. 제5집(문헌정보학과 창설 30주년 기념특
    집) 1993. pp. 3-32.

정필모. 國際百進分類法研究(II) －一般形式區分表의 展開－ 未發表資料 pp.
    1-24.

정필모. 國際百進分類法研究(III) －年代區分記號表의 展開－ 未發表資料
    pp. 1-19.

정필모. 國際百進分類法研究(IV) －ICC의 地域區分表의 展開－ 중앙대학교
    人文學論集. 제20집. pp. 15-27.

趙 容郁. 동양사상, 世界哲學大事典. 서울, 교육출판공사, 1980. pp.
    229-231.

한전숙. 現象學의 理解. 서울, 민음사, 1987.

丸山昭二郎, 丸山泰通 共編. DDC, LCC, NDC 圖書分類의 記號變換. 東京,
    丸善, 1984.

Bacon, Francis. *Advancement of Learning*. 19th ed. Chicago,
    Encyclopedia Britanica, Inc. 1971.

Beckner. Morton O. Mechanism in Biology. In: *The Encyclopedia of
    Philosophy*. Vol. 5. New York, Macmillan, 1967. pp. 250-252.

Beckner, Morton O. teleology. In: *The Encyclopedia of Philosophy*. Vol.
    8. New York, Macmillan, 1967. pp. 88-91.

Blazek, Ron & Aversa, Elizabeth. *The Humanities: A Selective Guide to*

Information Sources, 3rd ed. Englewood, Col., Libraries Unlimited, 1988.

Bliss, Henry Evelyn. *The Organization of Knowledge in Libraries and the Subject-Approach to Books*. 2nd ed. New York, Wilson, 1939.

Bochenski, I. M. *Europaeische Philosophie der Gegenwart*. Bern, Francke Verlag, 1947.

Bollnow, O. F. *Deutsche Existenzphilosophie*. Bern, A. Franke AG Verlag.

Brandt, Richard B. Epistemology. In: *The Encyclopedia of Philosophy*. Vol. 3. New York, Macmillan, 1967. pp. 5-8.

Chan, Lois Mai. *Immroth's Guide to the Library of Congress Classi-fication*. 3rd ed. Littleton, Col., Libraries Unlimited, 1980.

Comaromi, John Phillip. *The Eighteen Editions of the Dewey Decimal Classification*. Albany. N. Y., Lake Placid Education Foundation, Foreast Press Division, 1976.

Copleston, Frederick. *A History of Philosophy*. Vol. 3. Westerminster, Md., The Newman Press, 1959.

Creel, Herrlee G. *Chinese Thought from Confucius to Mao Tse-tung*. Chicago, University of Chicago Press, 1953.

Dablberg, Ingetraut. Alajor Developments in Classification. In: *Aduances in Librarianship*. Vol. 7. New York, Academic Press, 1977. pp. 41-103.

Dawson, C. Toynbees Study of History. In: *Universalgeschichte*. ed. by. E. Schulin. Koeln, Kiepenhauer & Witsch, 1974.

[Dewey, Melvil] *A Classification and Subject Index for Cataloguing and Arranging the Books and Pamphlets of a Library*. Amherst, Mass, 1876.

Dewey, Melvil. *Dewey Deciaml Classification and Relative Index*, 2nd-20th ed. Albany, New York, Forest Press, 1885-1989.

Farradane, J. E. L. The Psychology of classification. In: *Journal of Documentation*. v.11, no.4.(Dec., 1955)

Guthrie, William Keith Chambers. *A History of Greek Philosophy*. Vol.6. London, Cambridge University Press, 1981.

Hancock, Roger. Metaphysics, History of. In: *The Encyclopedia of Philosophy*. Vol. 5. New York, Macmillan, 1967. pp. 289-300.

Hersch, J. *Karl Jaspers*. Muenchen, R. Piper & Co. Verlag, 1980.

Hessen, Johannes. *Lehrbuch der Philosophie*. Vol. 1-3. Muenchen, Ernst Reinhardt Verlag, 1950-1961.

Hirschberger, J. *Geschichte der Philosophie*. Vol.1, 2. Freiburg, Herder, 1987.

Immroth, John Phillip. Library of Congress Classification. In: *Encyclpedia of Library and Information Science*. Vol.15. New York, Dekker, 1975. pp. 93-200.

Kumar, Krishan. *Theory of Classification.* 2nd ed. New Delhi, Vikas Publishing House, 1981.

Linden, Ron. Some Thoughts on the Dewey Decimal Classification. In: *Library Resources & Technical Services.* Apr.-Jun. 1982. pp. 183-187.

Maltby, Arthur. *Sayers' Manual of Classification for Librarians.* 5th ed. London, Andre Deutsch, 1975.

Munitz, Milton K. Cosmology. In: *The Encyclopedia of Philosophy.* Vol.2. New York, Macmillan, 1967. pp. 237-244.

Nietzsche, Friedrich Wilhelm. *Der Wille Zur Macht.* Stuttgart, Alfred Kroener Verlag, 1964.

Pappé, H. O. Philosophical Anthropology. In: *The Encyclopedia of Philosophy.* Vol 6. New York, Macmillan, 1967. pp. 159-60.

Philosophisches Woerterbuch. Stuttgart, Stuttgart, Alfred Kroener Verlag, 1969.

Russell, Bertrand. *History of Western Philosophy.* 2nd ed. London, George Allen & Unwin, 1961.

Sartre, Jean Paul. *L'existentialisme est un humanisme*, Paris, Nagel, 1968.

Spiegelberg, H. *The Phenomenological Movement.* Vol. 2. Hague, Martinus Nijhoff, 1960.

Stoerig, Hans Joachim. *Kleine Weltgeschichte der Philosophie.* Vol.1-2. Frankfurt am Main, Fischer Taschenbuch Verlag, 1981.

ABSTRACT

A Study on the Class "100" of DDC and a New Scheme of Philosophy

by Park, Ok - Wha

DDC is the oldest and most widely used scheme of modern library classification. Most of libraries using DDC have adopted it by reason of its merits: ease of comprehension and application, simple expansible notation, excellent mnemonic features, and admirable index. But the system is certainly not without weak points. It belongs, from the beginning, to Anglo-American cultural sphere. In consequence, it is lacking in universality in the strict sense. Although DDC has been proven very effective, ceaseless critiques of such one-sided character have been made. Many of the critics consider it a scheme useful as an Anglo-American model, but not fit 색 international use.

Taking this issue, many experts has been interested in device of more universal and adaptable classification. In this way UDC is designed.

UDC was originally derived from the 5th edition of DDC. As a result, UDC and DDC are somewhat similar with regard to their main structure and stress on the intellectual tradition of the West. It is the reason why UDC could not surpass DDC.

Dissatisfied with the existing decimal schemes, experts, have, made efforts to initiate new, more reasonable schemes. For instance, Prof. Jeong Pil Mo published recently International Centesimal Classification(ICC). He designed it on the basis of the merits of DDC. The centesi-mal classification has, in comparison with decimal classification, many strong points; for example great capacity and flexibility. The author of this dissertation found ICC device to be very useful and reasonable.

The purpose of this dissertation is to evaluate DDC, and to project a new scheme of philosophy on the groundwork of ICC. The author made tentative plan of the scheme and brought forward at the end of the final chapter.

As is generally known, aesthetics is one of the dominant fields of philosophy. There has been growing interest in the study of it, DDC does not take notice of this present-day trend. To make good the defect, The author included aesthetics in the new scheme of philosophy.

The 100s of the DDC consists of three heterogeneous disciplines: philosophy, psychology and paranormal phenomena. Plainly it spoils the unity of the class. To get rid of such inconsistency, the author cut the 100s into three separate classes on the basis of centesimal classification and narrowed the classification down to philosophy.

Philosophy possesses the characteristics of universality and particularity. It's themes are universal, while it's contents are on the whole particular. In the new scheme of philosophy these character-istics are reflected through five divesions classified according to themes and geographical and chronological divesions of "History of philosophy", 0702.

<부록 1> Form divisions(ICC)

A. Internal form divisions

00 General works.
01 Works of specific philosophy, doctrine of theory.
02 Historical presentation. History of a subject.
03
04 Works of instruction(teaching methods)
05 Research methods.
06
07 Relationships with other subjects or disciplines
08 Data processing. Computer applications

B. External form divisions

(11) Historical sources.
(12) Legal sources in related subjects.
(13) Laws and regulations in related subjects.
(14) Addresses. Lectures. Speeches.
(15) Anthologies. Selections.
(16) Collected works of a single author.

(17) Collective works by several authors.

(18) Series of monographs(various works by various authors).

(19)

(20)

(21) Syllabuses. Curricula.

(22) Exercises. Questions.

(23) Test papers, examination papers.

(24) Solutions, answers.

(25) Practical exercises, projects, tasks.

(26) Explanations. Interpretations. Commentaries.

(27) Testing and measurement; laboratory manuals.

(28) Selections of academic papers and treatises.

(29) Maps and related forms, plans, diagrams

(30) Atlas in specific subjects.

(31) Models and miniatures.

(33)

(34)

(35) Handbooks. Guidebooks.

(36) Dictionaries. Concordances.

(37) Glossaries. Multilingual dictionaries

(38) Encyclopedias.

(39) Directories of persons and organizations.

(40) Abridgments. Abridged editions.

(41) Synopses. Summaries. Abstracts. Outlines(non-serials)

(42) Tabulated and related materials.

(43) Tables, tabular materials

(44) Formulas, specifications

(45) Lists, inventories, catalogs.

(46)   Standards.

(47)   Patents.

(48)

(49)

(50)   Periodicals. Journals.

(51)   Irregular serial publications.

(52)   Abstracting and indexing serials.

(53)   Yearbooks. Annuals.

(54)   Semiannuals and biannuals.

(55)   Almanacs. Calendars for particular specialities.

(56)   Newsletters. Correspondence. Circulars.

(57)   Bulletins.

(58)   Brochures. Pamphlets. Preprints, offprints.

(59)   International organizations(societies, associations)

(60)   National and local organizations.

(61)   Institutions.

(62)   Businesses firms.

(63)   Reports. Notes.

(64)   Bibliographic description of contents. Summaries

(65)   Trade catalogs and directories.

(66)   Buyers' guides and consumer reports

(67)

C. Special form divisions

(71)   Children's books.

(72)   Textbooks of elementary schools.

(73) Textbooks for private study, self-instruction.

(74) Textbooks of middleschools.

(75) Textbooks of highschools.

(76) Government publications (Subdivision by the form divisions)

(77)

(78) Theses in the strict sense(academic, qualifying theses)

(79) Dissertations(papers, treatises)

(80)

(81) Microscope specimens.

(82) Slides.

(83) Video tape.

(84) Sound recordings.

(85) Cassettes.

(86) Films.

(87) Microfilms.

(88) Microfiches.

(89)

(90)

(91) Diskette.

(92) CD-ROM.

(93)

<부록 2> Table of Geographical Divisions(ICC) - Summary

−10 Europe. Western Europe.

−11 Great Britain. Republic of Ireland(Eire)

−12 Scandinavia. Sweden. Norway. Denmark. Iceland

-13   Netherlands. Belgium Luxembourg

-14   Germany

-15   France. Monaco. Corsica

-16   Switzerland. Liechtenstein. Austha

-17   Spain. Andorra. Balearic Islands

-18   Portugal. Gibraltar

-19   Italy. San Marino. Vatican City. Sardinia. Sicily. Malta

-20   Eastern Europe

-21   Finland. Lithuania. Latvia. Estonia

-22   Russia. Siberia

-23   Central Asias. Moldavia. Geofgia. Armenia. Azerbaijan.
       Kazakh. Turkmen. Uzbek. Tadzkik. Kirghiz

-24   Poland. Belorussia

-25   Ukraine

-26   Czecho. Slovakia. Hungary

-27   Romania. Bulgaria

-28   Yugoslavia

-29   Greece. Turkey in Europe. Albania. Crete

-30   Asia. Far East

-31   Northeast Asia

-32   Mongolia

-33   China

   …

-37   Tibet and Sinkiang. Uighur. Autonomous Region

-38   Korea

-39   Japan

-40   South and Southeast Asia

-41 Afghanistan

-42 Pakistan

-43 India. Northern India

-44 Southern India. Maldives. Sri Lanka

-45 Nepal. Bhutan. Bangladesh

-46 Burma(Miyanma). Thailand

-47 Laos. Vietnam. Cambodia

-48 Philippines. Brunei

-49 Malaysia. Singapore. Indonesia

-50 Africa. Northern Africa and Middle East

-51 Morocco. Algeria

-52 Tunisia. Libya

-53 Egypt

-54 Sudan

-55 Ethiopia. Somalia. Djibouti

-56 Oman. Saudi Arabia. Yemen. South Yemen

-57 Arabian Peninsula. Israel. Jordan. Lebanon. CyrΠus. Turkey

-58 Syria. Iraq. Kuwait

-59 Iran

-60 Southern Africa. Canary Islands. Western Sahara. Mauritania

-61 Mali Senegal. Gambia. Guinea-Bissau. Guinea. Sierra
     Leone. Liberia

-62 Ivory Coast. Ghana. Togo. Benin. Burkina Faso. Niger

-63 Nigeria. Cameroon. Chad. Central African Republic

-64 Equatiorial Guinea. Gabon. Congo. Zaire

-65 Uganda. Kenya. Tanzania. Rwanda. Burundi

-66 Angola. Zambia. Malawi

-67 Namibia. Botswana. Zimbabwe

-68   South Africa, Lesoutho. Swaziland

-69   Mozambique. Madagascar. Comoros Islands

-70   North America

-71   Canada

-72   United States.

...

-78   Middle America Mexico

-79   Central America

-80   South America

-81   West Indies. Bermuda

-82   Colombia, Ecuador

-83   Venezuela

-84   Guyana. French Guiana. Surinam

-85   Brazil

-86   Peru

-87   Bolivia. Paraguay

-88   Chile

-89   Argentina. Uruguay

-90   Other parts of world and extraterrestrial worlds. Pacific Ocean islands

-91   Australia

-92   New Zealand

-93   Melanesia, New Guinea

...

<부록 3> Chronological Divisions(ICC)

－6 Ancient(to 500 AD)

－5 5000 - 4001 BC

－4 4000 - 3001 BC

－3 3000 - 2001 BC

－2 2000 - 1001 BC

－1 1000 - 1 BC

1c   1   100 AD lst century

2c   101 - 200 AD 2nd   〃

3c   201 - 300 AD 3rd   〃

4c   301 - 400 AD 4th   〃

5c   401 - 500 AD 5th   〃

6c Mid-dle age(6th - 15th centuries, 501-1500)

6c   501 - 600 AD 6th century

7c   601 - 700 AD 7th   〃

8c   701 - 800 AD 8th   〃

9c   801 - 900 AD 9th   〃

10c 901 - 1000 AD 10th 〃

11c 1001 - 1100 AD 11th 〃

12c 1101 - 1200 AD 12th 〃

13c 1201 - 1300 AD 13th 〃

14c 1301 - 1400 AD 14th 〃

15c 1401 - 1500 AD 15th 〃

16c Modern period(1501 -)

16c 1501 - 1600 AD 16th century

17c 1601 - 1700 AD 17th 〃

18c 1701 - 1800 AD 18th 〃

19c 1801 - 1900 AD 19th 〃

190 1901 - 1910 AD

191 1911 - 1920 AD

192 1921 - 1930 AD

193 1931 - 1940 AD

194 1941 - 1950 AD

195 1951 - 1960 AD

196 1961 - 1970 AD

197 1971- 1980 AD

198 1981 - 1990 AD

199 1991 - 2000 AD

20c 1901 - 2000 20th century

200 2001 - 2010 AD

201 2001 - 2010 AD

202 2021 - 2020 AD

203 2031 - 2040 AD

204 2041 - 2050 AD

205 2051 - 2060 AD

206 2061 - 2070 AD

207 2071 - 2080 AD

208 2081 - 2090 AD

209 2091 - 2100 AD

21c 2001 - 2100 21th century

210 2101 - 2110 AD

211 2111 - 2120 AD

212 2121 - 2130 AD

213 2131 - 2140 AD

214 2141 - 2150 AD
215 2151 - 2160 AD
216 2161 - 2170 AD
217 2171 - 2180 AD
218 2181 - 2190 AD
219 2191 - 2200 AD
22c 2101 - 2200 22th century
220 2201 - 2210 AD

《중앙대학교. 1994. 8 박사학위논문》

· 鄭馳謨敎授指導 博士學位 論文 8 ·

哲學類의 새로운 分類展開에 관한 研究

※초판인쇄	2005년 1월 10일
※초판발행	2005년 1월 15일
※지 은 이	박옥화
※펴 낸 이	채종준
※펴 낸 곳	한국학술정보(주)
	경기도 파주시 교하읍 문발리 파주출판정보산업단지 526-2
	전화 031) 908-3181(대표) · 팩스 031) 908-3189
	홈페이지 http://www.kstudy.com
	e-mail (e-Book 사업부) ebook@ kstudy.com
※등 록	제일산-115호(2000. 6. 19)
※가 격	9,000원

ISBN   89-534-2216-7 94020   (Paper book)
       89-534-2217-5 98020   (e-book)
       89-534-2200-0 94020   (Paper set)
       89-534-2201-9 98020   (e-book set)